明治図書

はじめて学級担任になる先生のための指示のルール

丸岡 慎弥

はじめに

「小学校の先生になろう！」と決めたとき。どんなことを大切にしようと思いましたか。


子どもたちの思いをしっかりと聞けるようになろう。

子どもたちと思い切り遊ぼう。

子どもたちが困っていたら、子どもたちの目線でいっしょに解決していこう。


きっと、そのようなことを思って学校の先生を目指したのではないかと思います。

もちろん、これらのことは、教育の根本にかかわることですし、何年経っても忘れてはいけない大切な要素です。

ただ、こうした思いをもつ前に、初めての子どもたちの前に立つ先生に知ってほしいことがあります。

それは、「先生としての基本的な土台となるスキルがある」ことも大切だということです。そして、そのうちの一つが、本書で取り上げている「指示」なのです。

読者のみなさんは、「指示」と聞いてどのような印象をもちますか？

子どもたちに言うことを聞かせるみたいで嫌だな……。

できれば、子どもたちに上から伝えるような先生ではいたくないな……。

先生の指示とかではなく、自分たちで考えて動くことができるような子どもたちを育てたいな……。

そのような印象はないでしょうか。

しかし、学校とは、「指示」にあふれたものです。また、指示がなければ、学校の生活は成り立たなくなってしまいます。

例えば、時間割を例にして考えてみましょう。

朝の会で、先生が次のように子どもたちに伝えたとしましょう。

「1時間目は国語、2時間目は体育です。体育では、体育館に集合します。時間どおりに始められるように集まりましょう」

最後の「時間どおりに始められるように集まりましょう」という言葉が「指示」にあたりますが、もし、この指示が子どもたちに通っていなかったとしたら……。

まず、体育館に集まっていなければ体育の授業は成り立ちません。

また、時間どおりに始められずに5分も10分も経過してから体育館に集合してしまえば、計画されていた授業はできなくなってしまうでしょう。

このように、学校で子どもたちと生活する中には、指示がたくさん含まれています。指示は、子どもたちの学校生活を充実させるために必要不可欠なものなのです。体育館に時間どおりに集まることのできる学級と、そうでない学級では、力の差は歴然です。そして、きちんと時間どおりに始めることのできる学級で過ごすことのできる子どもたちの方が、学校で生活する満足度は高くなります。

このように、学校生活に欠かせない「指示」ですが、初めて子どもたちの前に立つ先生にとって、簡単にできることなのでしょうか。

指示をするうえで大切なことを、何も知らないままに指示してしまうと、大きな落とし穴にはまってしまう可能性もあります。

指示は、どうしても「先生→子ども」という関係になってしまうので、気を付けなければ、先生と子どもたちの間に溝をつくってしまい、信頼関係をなくしてしまうことすらあるのです。

また、時代の変化とともに、当然子どもたちや学校自体も変わっていっています。昔から伝えられている指示の考えやスキルをアップデートしなければ、現代の学校に通用するものにはなりません。

つまり、指示には、時代、時代に合わせた正しい理解とスキルが必要なのです。

本書では、指示において必要な考えと、すぐに使えるスキルをふんだんに集めてみました。若いうちにだけ使えるスキルではなく、教師として働くうえでずっと使える内容を紹介しています。

ぜひ、本書を通じて「確かな指示のスキル」を身に付けてください。
そして、子どもたちとの充実した時間を過ごし、子どもたちとともに先生として成長していくことを願っています。

令和5年12月

丸岡　慎弥

目次

第2章 「伝わる指示」の基礎・基本

第6章 「指示」を進化させる

第1章

「指示」とは何か——学級を操る指導言

学校は指示だらけ

◎学校で行われる指示について考える

「学校は指示だらけ」と聞くと、嫌な思いをもつ人が多いでしょうか。「学校は先生の言うことを聞かせる場所なのか」「『個別最適』とか言っているのに、やっぱり学校は一律を目指しているじゃないか」――そんな声が聞こえてきそうです。

しかし、やっぱり**「学校は指示だらけ」**です。学校での生活を思い出してみると……

「ランドセルをロッカーに片付けましょう」
「宿題を先生の机に出しましょう」
「グラウンドへ出るときは帽子をかぶりましょう」

「先生の方を向きましょう」
「筆箱を出しましょう」

他にも、もっともっとたくさんの「指示」が浮かんでくるでしょう。
ところが、「指示」が多いというのは、学校に限ったことではありません。スーパーへ買い物に行ったときのことを思い浮かべてみます。

「買い物は買い物かごに入れてください」
「品物を買うためにはお金を払ってください」
「店内では走らないでください」

実は、指示だらけなのは学校だけではなく、**社会全体も「指示だらけ」**といえるのです。

指示とは何か

◎学校で行われる「指示」とは

あらためて「学校における指示」について考えてみましょう。

先のスーパーにおける指示は、何のために出しているのでしょうか？　それは「お客様に気持ちよく買い物をしていただくため」と考えられます。スーパーは、買い物をするところであり、お店は客にたくさん買い物をしてほしいと思っています。よって「スーパーでの指示は、お客様に気持ちよく過ごしてもらい、多くの買い物に結び付けるため」に行われているのです。

では、学校における指示とは何なのでしょうか。まずは、スーパーと同様に「学校は何のためにあるのか」を押さえておく必要があります。

学校は子どもたちが「よりよく生きる」に向かって成長するためにある

これが、私の学校の定義です。従って、子どもたちに行うすべての教育活動は、子どもたちの「よりよく生きる」に向かっていてほしいのです。

ですので、「指示」も「よりよく生きる」ために行います。いつも自分の出す指示が子どもたちの「よりよく生きる」に向かっているのかどうか、それを自問しましょう。

例えば……

ランドセルの片付け方はロッカーの見本の写真付きで丁寧に指示する

とします。「上の段には帽子を入れて、下の段にはランドセルを入れます」「ランドセルは上側がこちらを向くように置きましょう」とまで、丁寧に指示をしたとします。

これはよい指示といえるでしょうか。

これがよい指示かどうかは、

子どもによって変わる

が正解です。

入学したての1年生をはじめ、ランドセルの片付け方が身に付いていない子どもたちに向けては、必要な指示になります。**人間は「知らなければできない」ものであり、「知らないことを知らせる」ことは、何ら悪いことではありません。**子どもたちにとって、必要な指示は躊躇なく行うべきであり、それは「(子どもたちにとっての)よりよく生きるための成長」につながっているはずです。

では、同じくランドセルの片付け方を丁寧に指示することを、ランドセルの片付け方をしっかりと身に付けている(であろう)6年生で考えると、どうでしょうか。

おそらく、すべての人が「そんな指示は必要ない」と答えるでしょう。

「すでにできることをわざわざ指示する必要はない」

「自分のことは自分で考えてやらないと」

「あえて指示をせず、自分でやってみることも大事」

と多くの方が思うでしょう。

というわけで、

指示とは子どもたちの「よりよく生きる」に向かって成長するための１つの教育行為

指示とは子どもたちの育ちによって変化するもの

まずはこれを押さえておいてほしいと思います。

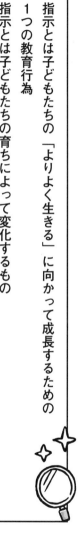

「指示の弱い教師」の教室は荒れる

◎「強い指示」と「弱い指示」

スーパーでの例のとおり、「指示」という言葉は学校だけで使われているものではありません。ここで、「指示」という言葉の一般的な意味を確かめておきましょう。

> 物事をそれとさししめすこと。「地図上の一点を―する」
> さしずすること。命令。
>
> （goo辞書）

「命令」と出てきます。「命令」という言葉の意味も押さえておきましょう。

上位の者が下位の者に対して、あることを行うように言いつけること。また、その内容。

(goo辞書)

「指示」は、「はっきりと何かを伝えること」です。だからこそ、指示には**「強い指示」と「弱い指示」**があります。この「指示の強さ」はうまく使い分ける必要があり、バランスをとる必要があるのですが、**「強い指示ができない」「弱い指示しかできない」教師の教室は、基本的に荒れてしまいます。**

それはどういったことか、少し詳しく考えてみましょう。

学習集団として未熟な時期である1学期の前半は、子どもたちは「群れ」として集まっています。その場に集まってはいるけれど、行動や考えが一致していないという状況です。子どもたちのもつ思考のベクトルがあちこちを向いているため、まとまりはありません。

子どもたちの動きが一致していないとは、例えば、「教科書を出す」という行為も、休み時間の間に準備を済ませておくのか、それとも、授業中に先生から合図があってから出すのか、そんな細かなことがいちいちそろわないのです。それは、学習集団が未熟なときには当たり前に見られる光景であり、それをまとめていくのが「指示」なのです。

そのまとめるための「指示」が弱かったら、どうなるでしょう。

「弱い指示」とは、子どもたちの行動や考えに影響を与える力が弱いことを指します。「教科書を出しましょう」と言っても全員が出さない、「静かに先生の話を聞きましょう」と言っても一部の子どもたちにしか影響を与えず、その他の子どもたちは騒がしくしてしまっている。こうした指示が「弱い指示」です。

これでは、子どもたちを1つの方向へとまとめることができません。よって、学習集団は未熟なまま、まとまらず、学級が騒がしくなったりふさぎ込んでしまったりします。つまり、「学級崩壊」の状態になるのです。

こうした状態を防ぐためには、「強い指示」を知らなければいけませんし、「指示の基本スキル」を知る必要があります。

指示で大切なたった１つのこと

では、「強い指示」は、教師としてスキルの高い教師しか扱うことができないのでしょうか。また、強面の力強い教師しか出すことができないのでしょうか。

そんなことはありません。**子どもたちへの「強い指示」を出すことは、だれでもできます。**

「強い指示」とは、

（先生の出した指示を）全員が守っていること

これだけです。例えば、「静かにしましょう」と言えば、学級内の全員が静かにする。「教科書を出しましょう」と言えば全員がきちんと机の上に出す。そうしたことをきちんと

と全員ができること、それが、指示が「強い」という状態です。

では、指示を強くするためには、どうしたらよいのでしょうか。学級開きから間もない4月は特に意識をしてほしいのですが、

小さなことから指示を出す

ということです。どの子どもたちでも必ずできることを意識して指示を出すようにしていきます。

例えば「教科書を出す」「手を挙げる」など、子どもたちにとって負担のない内容を選ぶのです。そうした小さなことであれば、全員が先生の指示を達成することができます。

こうして

先生の指示は必ず聞くもの

ということを体得していくのです。

子どもたちに、「先生の指示はきちんと聞くもの」ということを浸透させていくことは、学級の成長に欠かせない大切なステップです。特に4月は意識をするようにしてください。

（指示のスキルのより詳しい内容は、第2章、第3章に記している小さなスキルをぜひ見てみてください。）

若い先生が指示を出す場面で失敗してしまう背景には、

指示を聞いていない子がいるのに次に進んでしまう

ということが圧倒的に多いです。例えば、教科書を机の上に出すことができていない、静かにせずに少しだけおしゃべりしている、そんな小さなことです。

小さなことなので、

指示を守れていない子どもが2～3名いるのに気が付いていない

2〜3人指示を守っていない子がいるが「まぁ、いいか」とやり過ごしてしまっている

このどちらかをしてしまっています。これは、些細なことのように見えるかもしれませんが、「弱い指示」であり、失敗です。どんな物事でもそうですが、**小さなことにこだわるからこそうまく物事が進みます。「小事は大事」「凡事徹底」「神は細部に宿る」**など、小さなことが重要であることを教えてくれる言葉は、昔から大切にされてきています。

全員が守れているのか子どもたちを見渡す

一人残らず守らせようとする配慮

こうした意識が、指示を出すときには大切なのです。

たとえ嫌われても「指示なき指導」はあり得ない

◎指示に対するマインドセット

「指示」と聞くと嫌なイメージをもつ人がいます。指示という言葉に嫌悪感をもつ人すらいます。

前述したとおり「指示なき教育活動」はあり得ません。

なぜ、「指示」という教育行為は、そこまでネガティブなイメージをもたれるのでしょうか。そこには、

子どもを従わせている

という感覚があるからではないかと思います。学校は子どもたちが主体的に学ぶ場です。「従わせることは学校にふさわしくないのではないか」、そんな感覚をもつのでしょう。

ここで、**指示に対するマインドセットを変えましょう。**

実は、次のようなことがいえるのです。

きちんとした指示を積み重ねる経験が、自治的な学級を生み出す

私は、自治的な学級文化をとても大切にしてきました。「先生は子どもたちを見守る銅像となり、子どもたちが主体的に学ぶ」イメージをもって、毎年学級づくりや授業づくりに取り組んでいます。

ある年の学級では、私が出張に出かけても、1時間の授業を進めていました。発問を係の子どもに伝えておくことで、それを提示したり子どもたち自身が話し合ったりすることを通して、授業を深めるという姿が見られることもありました。

「教師がいなくても子どもたちが授業を進める」という状態ですが、こうした学級をつ

くってきた際の４月はいつも、「基本的な指示」を大切にしていました。

先生の指示がきちんと通るからこそ、子どもたちは正しい枠組みを知り「この範囲であれば自由に動けるのだな」と知っていくからです。それは「この枠から飛び出すことはいけないことだ」ということを知ることにもつながります。だからこそ、子どもたちは「先生がいなくとも授業中に騒がない」「先生がいなくともやるべきことはきちんと行う」ということを実践できたのです。

これが、基本的な指示を守ることができない学級ではどうでしょうか。先生がいなくなれば、たちまち「授業中は騒がない」「授業中は学習に向かう」という「見えない指示」を平気で破ってしまいます。そうなると、自治的な学習などは達成することはできません。

つまり、

基礎・基本的な指示が、ダイナミックな自治活動を生み出している

ともいえるのです。

「指示を出す」ということに対するマインドセットを変えていきましょう。

実は、指示を出すということは

子どもたちに自分たちでできる選択肢を1つ増やしている

ともいえるのです。

ランドセルの片付け方を指示して教えれば、子どもたちはランドセルの片付けが一人でできることにつながっていきます。教科書を出す指示をすれば、学習時には教科書を出すという行為を教えることになります。

指示を増やしていくことが、子どもたちの活動の幅を広げている

そんなマインドセットを、ぜひもつようにしてください。

「指示」は学級をつくる

◎先生の「指示」は学級づくりそのもの

ここまで、

・指示は学校の中にあって当たり前のもの
・指示のマインドセットを変えること

そんなことを述べてきました。「指示は子どもたちを従えるもの」と思って、毎日の指示を積み重ねてしまえば、そのような学級へ向かってしまうでしょう。

確かな指示を積み重ねることが、自治的な学級へとつないでいっている

という意識のもとに指示を積み重ねることで、そのような方向へと進んでいくことができます。

また、第６章で紹介している「あえて抽象度を高くする（198ページ）」指示があるように、学級の育ちをみとるうえでも、指示を活用することができるのです。

「指示の積み重ねは学級づくり」という意識をぜひもってください。

そして、よりよい指示を積み重ねることで、よりよい学級づくりを進めていってほしいと思います。

第2章 「伝わる指示」の基礎・基本

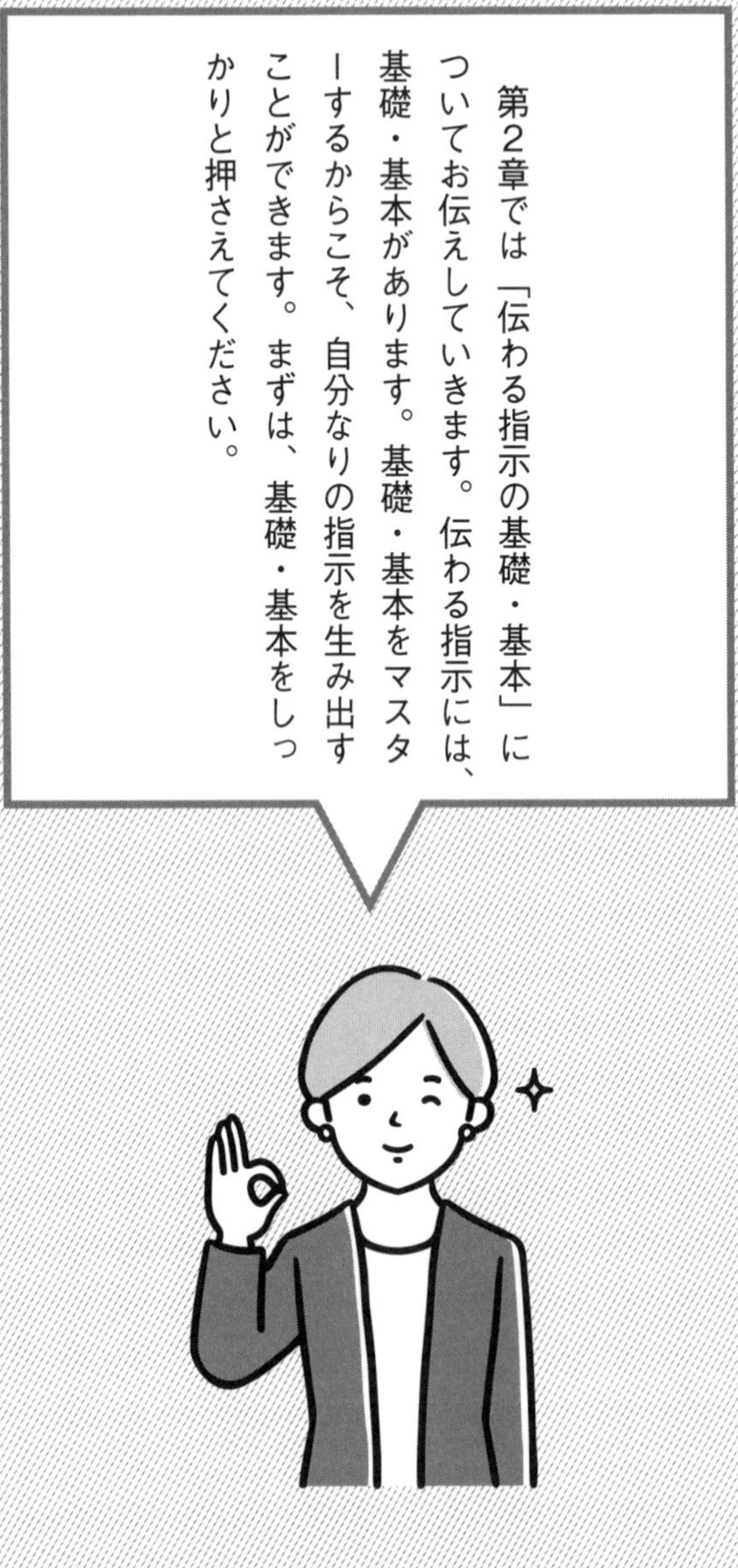
第2章では「伝わる指示の基礎・基本」についてお伝えしていきます。伝わる指示には、基礎・基本があります。基礎・基本をマスターするからこそ、自分なりの指示を生み出すことができます。まずは、基礎・基本をしっかりと押さえてください。

１指示１内容を徹底する

◎なぜ１指示１内容なのか

伝わる指示の鉄則、１つ目はこちらです。

伝わる指示の鉄則①
１指示１内容で指示を出す

１９８０年代、向山洋一先生が「授業の腕を上げる法則」の第2条として「一時一事の原則」を出され、広く教育界に広まっていきました。今でも、教育現場の基礎・基本的なスキルとして外すことのできない重要なことと考えます。

1指示1内容とは、文字のごとく

1つの指示には1つの内容しか含ませない

ということです。例えば、次の授業開始場面での教師の言葉は「1指示1内容」とはいえません。

教科書を出して、それから、もちろんノートも開きますよ、あっ、ノートを開いたら日付を書いて……教科書50ページを開けるんですよ。

この言葉の中に、子どもたちへの指示がいくつ含まれているか分かりますか？

この言葉には次の指示が含まれています。

・教科書を出す
・ノートを開ける

・日付を書く
・教科書50ページを開ける

一文の中に、実に４つもの指示が含まれています。これでは、ついてこられる子どもと、ついてくることのできない子どもが生まれて当然です。この一文を細分化し、１つずつ小分けにして指示を出していかなくてはいけません。

「教科書を出しましょう」
「ノートを開けましょう」
「日付を書きましょう」
「教科書50ページを開けましょう」

こうして、ひとつひとつ、指示を出していくようにするのです。

一気にたくさんの指示を出すのは、料理の初心者にみそ汁の作り方を一気に伝えるのと同じです。

お湯を沸騰させて、だしを取るパックを入れて、それから、切っておいた具材を入れましょう。野菜など加熱が必要な具材は先に入れて、豆腐のような煮込む必要のない具材は後でいいですからね。その後には、みそを混ぜていって……。

料理が全くできない私にとっては、これだけの指示を一気にされるとパニック状態に陥ってしまい、何から手を付けていいのか分からなくなってしまいます。また、「やっぱり自分は料理ができないんだ……」と自信もなくしてしまうことでしょう。料理に慣れている人であれば、理解できるかもしれません。しかし、そうでない私にとっては、この指示でみそ汁を作ることは難しいのです。

この文章には、この後に紹介する「伝わる指示の鉄則」が多く隠されています。

短くズバッと

◎接続詞を使わない

伝わる指示の鉄則②
短くズバッと指示を出す

「指示は短く」は、伝わるための大原則です。「1指示1内容」とすることで、指示をするときの教師が発する言葉の数は省略されます。とにかく「指示は短くする」ことを心がけましょう。

そのための具体的な方法として、

接続詞を使用しない

ことがあげられます。

先にあげた授業開始の場面での指示を「接続詞」という視点をもって、もう一度見てみましょう。

教科書を出して、それから、もちろんノートも開きますよ、あっ、（それから）ノートを開いたら日付を書いて……（そして）教科書50ページを開けるんですよ。

一文が区切られていないため、隠れた接続詞が含まれていることに気が付きます。「1指示1内容」を意識せず、だらだらと話してしまうと、多くの接続詞が含まれてしまうことになります。

そうなると、子どもたちにとって、とても聞きにくい指示となるのです。

「先生、なんて言ったの？」

「2つ目までは覚えていたけど、後が思い出せない……」

「ノートを開いて何をするんだった？」


そんな思いを子どもたちにさせてしまいます。子どもたちは必死に聞こうとしていますが、指示がだらだらと長くなってしまうために、記憶することができないのです。

こんな姿を教師が

「きちんと聞きなさい！」

「もう言いましたよ」

「どうして分からないの？」


などと叱っているとしたら……。この場合は、教師側に改善の必要がありそうです。聞きにくい指示を出してしまっていることが原因の根本だからです。

「教科書を出しましょう」
「ノートを開けましょう」
「日付を書きましょう」
「教科書50ページを開けましょう」

最近は、教室内にいる特別支援が必要な子どもが増えているともいいます。接続詞を使わない指示は、はっきりと伝わりやすく、特別支援が必要といわれる子どもたちにも有効です。

接続詞を使わずに指示を出してみましょう。そうすることで、自然と「1指示1内容」が達成され、だれにとっても聞きやすい指示へと変えていくことができるのです。

最後まで言い切る

◎語尾のもつ力

伝わる指示の鉄則③
最後まで言い切る

指示は「最後まで言い切る」から伝わる指示になります。
先ほどから何度も紹介している授業冒頭部分の指示場面。
次は「語尾」という視点で見てみましょう。

「語尾」という視点で見ても、先ほどの指示にはよくないところがいくつも指摘できるのです。

教科書を出して、それから、もちろんノートも開きますよ、あっ、ノートを開いたら日付を書いて……教科書50ページを開けるんですよ。

指示と指示の間に、しっかりとした節がありません。節がないので、区切りがとても悪くなってしまいます。こうなると、指示として、次のような問題が浮かんできます。

・何を言っているのかがあやふやになる
・口調として「弱い指示」になってしまう

こうした指示では、もちろん子どもたちには通りません。特に、低学年を担当する先生がこのような指示を日常的に行うと、子どもたちに正常な教育活動を行わせることは難しくなるでしょう。

それくらいに「語尾」はとても大切なことなのです。
この指示を、先ほどのように「1指示1内容」に変えてみましょう。

「教科書を出し**ましょう**」
「ノートを開け**ましょう**」
「日付を書き**ましょう**」
「教科書50ページを開け**ましょう**」

語尾をはっきりと言うことで、とても聞きやすい指示に変わります。本当に小さなことですが、この積み重ねが先生の指示の質を向上させていきます。

では、「1指示1内容」になっていれば、語尾は自然によくなるのでしょうか。
決してそんなことはありません。1指示1内容が守られている指示であっても、語尾があいまいな指示は存在します。

「授業を始めたいと思います」

「この問題、答えられる人いるかな〜」

「掃除はいつもどおりに実施……かな」


このように、1指示1内容とはいっても、語尾がはっきりしないものは、子どもたちには伝わりにくいものです。それぞれの指示のよくない点は次のとおりです。


「授業を始めたいと**思います**」

↓「思います」は不要。「授業を始めます」でよい。


「この問題、答えられる人**いるかな〜**」

↓しゃべり口調になっている。しゃべり口調は語尾が弱まり指示が通りにくくなる。

「答えられる人いますか」と**丁寧語で話す**ことで、語尾が整う。


「掃除はいつもどおりに実施……かな」

↓
迷いながら話していると、迷いが語尾に表れる。あいまいなままで指示を出さないようにする。「掃除はいつもどおり実施のはずです。確認します」など語尾をはっきりとさせて話をする。分からないことは分からないという姿勢を取ることで、語尾もはっきりとさせることができる。

このように、１指示１内容であったとしても語尾が弱くなってしまうことがあります。十分に語尾を意識して、子どもたちの前に立つようにしましょう。

語尾にこだわる

◎語尾を使いこなしてバランスをとる

「最後まで言い切る」、これをさらに進化させることで、なお一層指示は伝わりやすくなります。

伝わる指示の鉄則④
語尾にこだわる

最後まで言い切る形ができるようになってきたら、語尾でどんな言葉を使うのかを、いろいろと試してみましょう。

先ほどはすべて「～しましょう」という語尾でした。

「教科書を出しましょう」

「弱い」とまでは言いませんが、強さには欠けます。

子どもたちに指示が通りにくく、もう少し指示を強くして通したいときには、次のような言い方も考えられます。

「教科書を**出します**」

よりはっきりと言い切ることで、子どもたちへより通る指示にすることができます。さらに強めたいのであれば

「教科書を**出しなさい**」

と、「しなさい」という語尾を活用してみます。

「しなさい」という言い方に抵抗を感じる人もいるかもしれません。しかし、指示の本質は、27ページでも紹介したとおり「従わせる」ことですので、「～しなさい」という言い方も何ら問題はありません。

さらに、別の言い方として

「教科書」

と名詞だけで伝える方法もあります。この方法は、発する声をできる限り短くすることができるので、流れを崩したくないときやできるだけ短くしたいときに有効です。

「ノートを出しなさい」
「日付を書きます」
「教科書、○ページ」

こんな風に、語尾を使い分けることで、学級の雰囲気も変えていくことができます。

学級がフワフワと弛緩していて、緊張感を出したいときには「〜しなさい」という言い方が合っています。

今の緊張感を続けたいときには、「〜します」という語尾がよいでしょう。

さらに、話と話の間などで短い言葉で済ませたいときには「教科書」「日付」などという指示を活用し、できるだけ発する言葉を少なくする体言止めの指示が向いています。

ただし、強い指示である「〜しなさい」を多用しすぎると、学級の雰囲気が重くなったり、先生への依存度が高まりすぎたりする危険性もあります。

つまり**「強い指示と弱い指示のバランス」を考える必要がある**のです。

このバランスは、学級の雰囲気や育ちによっても変わります。よく子どもたちの表情を見ながら進めていくことが大切です。

一般的には、荒れているクラスや落ち着きのないクラスでは、強い指示の割合が多くなります。逆に落ち着いたクラスや静かなクラスでは、弱い指示を活用することが増えていくでしょう。

指示1つとっても、学級によって使い分ける必要が出てきます。特に、GIGAスクール構想で1人1台端末を使ったり個別最適な学習が始まったりした今、「指示をうまく使いこなせるかどうか」は、そうした学びがうまくいくかと強く結び付いています。

新しい学び方に変わる転換点の今だからこそ、教師の基本スキルである「指示」を大切にする必要があるのです。

教師の基礎・基本である「指示」を身に付け、子どもたちと新しい教育を生み出していってほしいと思います。

立ち姿はどっしりと

◎立ち姿で雰囲気をつくる

ここまで説明してきた質の高い指示を出すだけでも、十分な効果を発揮する「指示」ですが、いろいろなものと掛け合わせることで、その効果をより高めることができます。

まずは、指示と「立ち姿」をセットにしてみましょう。

伝わる指示の鉄則⑤
指示＋立ち姿を意識する

繰り返しになりますが、指示をするという行為は、「子どもを従わせる」ことが根本です。学級が落ち着かなかったり騒がしかったりする場合には「強い指示」が必要です。そうでなければ、子どもたちがまとまりません。子どもたちのまとまりのなさが「学力低下」や「いじめ」につながることは、教師としての経験値から語られ続けています。子どもたちがよくない状態であれば、ためらわず「強い指示」を出す必要があります。

そのときには、教師自身の「立ち姿」を意識してみましょう。強い言葉を使う場面だからこそ、きちんとした立ち姿が求められます。

頭↓おへその下↓かかと　が、まっすぐ1本の線でつながっていることを意識する

これだけで、立ち姿をシャキッとすることができます。

立ち姿を整えることで、相手に与える印象が変わったり自分自身の使う言葉が丁寧になったりします。

また「**教室環境のうち、一番大きな影響を与えるのは先生自身**」です。先生の日々の表情や立ち姿が、そのまま子どもたちへ影響を与えていくのです。もちろん、教室環境には掲示物などを含め、いろいろな要素がありますが、その中でも一番の影響を与えているのは「先生自身」であることを忘れないようにしましょう。

「指示がうまく通らないな……」と思ったときには、まず、自分の姿をシャキッとしてみましょう。それだけで、先生自身の中にも子どもたちにも変化があるはずです。

また、**服装を変えることもポイント**です。

特に落ち着かなかったり騒がしかったりする学級では、自分の身なりにもより気を使う必要があります。（もともと教壇に立つ服装としてふさわしくないと思いますが）ヨレヨレのシャツを着たりダボダボしたズボンを穿いたり何かあったときにすぐに走り出すことができないようなスリッパを履いたりすれば、その場の服装や子どもたちの心は乱れます。

「指示＋立ち姿（服装）」はすぐに実践できる最も簡単なことかもしれません。ぜひ、「指示＋立ち姿（服装）」で、指示の効果を高めてください。

「確認」をセットにする

◎指示＋確認で子どもたちに達成感を

指示をするときに、ぜひセットにしてほしい教育スキルが「確認」です。

指示の鉄則⑥
指示＋確認　をセットにする

では、「確認」とは、どういうことをすることなのか。
教室のある場面で考えてみましょう。

「教科書を出します」【指示】
「出した人は手を挙げましょう」【確認】
「日付を書きましょう」【指示】
「書けた人は『書けました』と言いましょう」【確認】
「ノートに問題を解きましょう」【指示】
「解けた人は持っていらっしゃい」【確認】

このように、指示と「確認」を対にしていきます。

「確認」を入れることで「だれができたのか」を先生側も把握することができるのでとても有効なスキルです。

もちろん、子どもたちにとってもよいことがあります。

先生の出した指示に取り組むことで達成感を得ることができる

小さな達成感ではあります。それでも小さな達成感を毎時間積み重ねることで「うれしい」「楽しい」「自分もできる」という気持ちにつなげることができるのです。

例えば、

教科書を出しましょう→出せました！（出せた達成感）
日付を書きましょう　→書きました！（書けた達成感）
問題を解きましょう　→解きました！（解いた達成感）

こうして、先生の指示を通して、小さな達成感が生まれるように意識をするのです。

そうすると、どのような場面においても、子どもたちに「できた！」を実感させることができるのだと気が付くことができるでしょう。

また、先生の出す「指示」は受動的ですが、「確認」（「出せました」と声に出す、「できました」と先生に見せに行く）は能動的な行為です。**「確認」を子どもたちに促すことで、子どもたちの主体性をはぐくむことにもつながっていきます。**こうした行為を入れると、教室に前向きな雰囲気が生まれ、明るさが生まれてきます。

このように、指示を通して、教室に「プラスのサイクル」を回すことができるようにしていきます。日々の循環は、教室に確かな影響を与えます。プラスの循環が回っている学級と、そうではなくマイナスの循環が回っている学級では、大きな違いが生まれます。

指示＋確認でプラスの循環を回す

そんな意識で指示を出すようにしてみましょう。

指示をきっかけに承認する

◎ほめることより承認を

先ほどの「確認」をした後には、ぜひ追加してほしいスキルがあります。

指示→確認＋承認　をセットにする

「教科書を出しましょう」と先生が指示を出し、「出した人は手を挙げましょう」と確認をすると、子どもたちは「出しました！」と教えてくれます。

このチャンスを逃さない手はありません。

「きちんと出せたね」
「○○さん、出せましたね！」
「××さんもオッケー！」

こうして、先生が指示したことを子ども自身が確認していった後には、先生がどんどんと**「承認」**していくのです。

ここでもちろん、「ほめる」という行為も考えられるでしょう。

「○○さんは、教科書が出せました！　えらい！」
「××さんはもう出せた！　速い！」

「ほめる」という行為を子どもたちに投げかけていくことで、その行動を強化できるというよさはあります。例えば、もう少し学習の準備を速くしてほしいと先生が思っていたなら、速い子をほめることで、その行為を学級全体に波及させることができるでしょう。

しかし、ほめるという行為には、次の点があることも留意しておいてください。

・あくまでも先生が子どもを評価している行為であり、子ども自身が実感を得ているわけではない。

・「速い！」「丁寧！」と全体の前でほめているときには、「速くない」「丁寧でない」子がほめられていないという事実を知る。

特に、2点目は十分に気を付けたいことです。通常にほめることは問題のないことですが、**先生が必要以上に「ほめすぎる」「ほめ続ける」ことで、できない子にとっては、「自分はできていない」というメッセージを強く伝えてしまうことになる**のです。

なので、私は（ほめることももちろんありますが）「ほめる」を基本とせず、**「承認」を基本としています。**

「承認」とは

ありのままの事実を認めていくということ

です。

「きちんと出せたね」
「話を聞く準備ができたね」

そんな風に事実を承認していってやります。
すると、子どもたちへのプレッシャーをそこまでかけることなく、子どもたちの行為を認めてやることができるのです。

また、先生からの「認める」が十分に満たされた6月の後半や7月からは、「自己承認」も大切なキーワードになっていきます。

「教科書が出せた人？」
と確認をした後に、次のような言葉かけで「自己承認」を育てる言葉かけをしていきます。

「自分に花丸してあげましょう」
「自分の頭をなでてやりましょう」

承認されるのは、いつも先生である必要はありません。なぜなら、先生はいつもその子の側にいるわけではないからです。「承認されるべきときに自分で承認できる」ということは、その子が育っていく中で、とても大切なことです。

ぜひ、

指示とセットにすることで、自己承認できる子を育てる

ことを意識してみてください。

これまでの指導と何かが変わるはずです。

視覚化・体感覚化と合わせて指示をする

◎人が情報を得る3つの要素

突然ですが、質問です。

コミュニケーションを取るとき、人は、何から情報を得ているでしょうか。

よく「五感」といわれます。視覚・聴覚・触覚・味覚・嗅覚の5つです。

ただ、人と人がコミュニケーションを取るときには、味覚・触覚・嗅覚を使うことはそれほどありません。なので、それらはまとめて1つとして考えると、次のようになります。

視覚
聴覚
体感覚（実際に自分の身体を通して情報を得る）

そして、これらの3つの要素のうち、人はそれぞれどれかの感覚に優位性があるといわれています。つまり、情報を得るときに、得意な感覚があるということです。

私たち教師は、この3つのタイプを知り、できるだけこの3つが満たされるようにして指示を出すと、より子どもたちへ伝わりやすくなるということです。

では、実際には、どのようにすればいいのでしょうか。

例えば、大きな声を出して音読をする場面。

「大きな声で音読しましょう」と言っても子どもたちの声は変わりません。

ここで、視覚・聴覚・体感覚のある指示をそれぞれ考えてみましょう。

○視覚化する指示

「今、みなさんの声は「2」の大きさです（と言って声のものさしカードを見せる）。「3」の声が出せるようにしてみましょう」と指示をして声を出させる。

○聴覚化する指示

「今のみなさんの声は「2」でこれくらいの声です（実際に教師が声を出して聞かせる）。そして、「3」の声はこれくらいです（と言ってまた聞かせる）。次は「3」の声で読んでみましょう」と指示をする。

○体感覚化する指示

「（実際に声を出してから）今の声は「2」です。もう少し声を出してみましょう（実際に声を出させる）。もう少しです（などと調整をして）。そうです。それが「3」の声です」

こんな風に「視覚」「聴覚」「体感覚」を意識して指示を出してみます。すると、タイプ別の子どもたちにも指示が通りやすくなるのです。

また、指導のバリエーションとしても、３つのタイプから指示をつくると、多種多様な指示を生み出すことができます。子どもたちの「飽き」を防ぐという観点からも活用できることです。

また、1時間のはじめにいくつかの指示を出す場面もあります。

そんなときには、視覚化が必須です。

「まずテストをします」
「終わった人から見直しをして提出しましょう」
「それから漢字の学習をしましょう」
「それも終わった人は読書をします」

こうして1時間の流れを伝えるときなど、時間的にも長い時間のことを伝える場合には、視覚化が必須になります。

最もポピュラーで簡単な方法は

黒板に流れを書き出す

というものです。

①テストをする
②見直しをして提出
③漢字の学習
④読書など

このように黒板に書き出します。もちろん大型モニターにパワーポイントなどを活用して映し出しても構いませんし、子どもたちがタブレットで見ることができるように、

Google ClassroomやTeamsなどに送信してもよいでしょう。

「視覚」「聴覚」「体感覚」を織り交ぜながら指示を出していくことで、一歩レベルの高い指示へと変えていくことができます。

例えば、「教科書を出しましょう」という指示を出す場面でも、教科書を持ちながら指示をするだけで「視覚」に訴えることができます。

また、体感覚を使った指示には次のような方法があります。

「今から先生の言うことを、指を折りながら聞きましょう」

そして、1つずつやることを指示していくのです。

「探検ボードを取ります」
「帽子をかぶります」
「靴に履き替えて並びます」

こうした指示を出すときに、**子どもたちに指を折らせて聞かせます。**すると、子どもたちは「今からいくつのことをすればいいのか」を記憶することができます。そうして、先生の指示を達成する工夫をします。

指示は、少しの工夫で、いろいろな方法や効果を生み出すことができます。ぜひ、**「視覚」「聴覚」「体感覚」の３つを頭に入れて、指示を工夫**してみてください。

「なぜその指示なのか」を説明する

◎指示を知的に変えていくスキル

「何も考えずに先生の指示をずっと聞き続けている」というのは、健全な状態ではありません。やはり「どうしてそのように動く必要があるのか」「今からそれをする理由は何か」を分かって動く子どもに育てたいものです。

単に、先生に言われたとおりにキビキビと動くだけの学級などは決して生み出してはいけません。それは、ただ子どもたちが先生の言うことを聞いているというだけであり、教育とは程遠い状態です。

では、どうすればいいのでしょうか。

（その指示をする）理由や状況を説明する

ことが大切です。

例えば、図工の授業の後などで、教室に紙材が散らかっているとします。

そんなときに

「ゴミを拾いましょう」

と言うだけでなく

「教室が汚れています。ゴミを拾いましょう」

と状況を伝えて、どうしてその行為をする必要があるのかをきちんと話すのです。

また、

目的を話してから指示を出す

のもいいでしょう。

「教室をきれいにします。ゴミを拾いましょう」
というように、この先の目的を話してから指示を出すのです。

それだけで、「先生の指示をただ聞くだけ」という能動的な活動ではなくなり、目的を語ったり状況を語ったりすることで知的な言葉かけへと変換することができます。

指示を極力「ただ、先生の言うことを聞くだけ」にしないように変えていきましょう。
それは、**状況を話したり目的を話したりといったことを意識するだけで変えていくことのできること**です。

ぜひ、状況や目的を話すことを通して、**より知的な指示をするように**心がけていきましょう。

コラム　鉄則を外した結末は……

私自身が教師になりたてのころ、なかなかうまく指示を子どもたちに通すことができませんでした。私の指示が甘かったからか、子どもたちは私の言うことは聞かず、クラスはどんどん荒れていってしまいました。授業中におしゃべりをする子、自分の席から離れて立ち歩く子、学習をせずに自分の好きなことに取り組む子……。残念ながら、指示が通らなかった私のクラスには、「学級崩壊」という結末が待っていたのでした。

そのような苦い経験を経て、教師としての指導技術を学んでいきました。書籍・セミナー・実際に先輩の先生に会うことなどを通じて、学ぶ機会を自分で見つけていったのです。

そこで学んだことのいくつかが、本章で紹介した「伝わる指示の鉄則」でした。

初任のときには気付かなかったのですが、私は、ここまでに紹介した鉄則をすべて外した指示をしていたのです。

伝わる指示の鉄則①　１指示１内容を徹底する→そんなことを知らずに指示をするので、気が付けば3つも4つも子どもたちに指示していた。

伝わる指示の鉄則②　短くズバッと→心配なのでダラダラと話して伝える。

伝わる指示の鉄則③　最後まで言い切る→こちらも自信がないのでハッキリ言い切ることができない。

伝わる指示の鉄則④　立ち姿はどっしりと→指示の内容があいまいなので、姿勢にも影響しふらふらしたものに……。

伝わる指示の鉄則⑤　「確認」をセットにする→このことも知らなかったので、言いっぱなしの指示になっていた。子どもたちに確認をしていないので、当然、指示は通らなかった。

このようなことを知るまでは「(同僚の)○○先生は厳しいから、子どもたちが言うことを聞いていたんだ」というようにとらえてしまっていました。そのため、「自分も子どもたちに厳しくすれば指示が通るのかも……」という思いを抱いてしまった時期もあり、子どもたちに不必要に厳しく接してしまっていたこともあったのです……。

あらためて「正しいスキル」を知ることの重要性を感じています。普段何気なく行っている「指示」という私たちの行為も、実は、様々なスキルが隠されているのです。

第3章
「伝わる指示」にする話し方

第2章では「鉄則」をお伝えしてきました。本章では、「伝わる指示」にする話し方のコツについて、いくつか紹介していきます。

第2章の「鉄則」を外してしまうと、指示自体がうまく通らなくなります。第2章の鉄則は必ず守ったうえで、第3章の「コツ」は、「『鉄則』に加えると、よりよい指示に変わっていきます」というものです。料理でいえば、ドレッシングやたれの役割ともいえます。素材自体のうまみを引き出すスキルとなりますので、すべてを扱う必要はありません。

そのときの状況に合ったものや自分に合うもの、さらには子どもたちにマッチするものを、ぜひ取り入れてみてください。

「鉄則」に加えて「コツ」を組み合わせることで、指示のバリエーションはうんと広がります。ぜひ、楽しみながら、いろいろと試してみてください。

それでは、話し方の「コツ」について見ていきましょう！

笑顔を基本にする

◎笑顔のもつ武器とは

突然ですが、聞かせてください。

みなさんが子どもたちの前に立つ表情の基本は何ですか？

人の表情にはいろいろな種類があります。怒り顔、まじめな顔、困った顔、笑顔――無表情なんていうのもあります。パワーあふれる子どもたちの前で、どんな表情を基本とするかで、教室の雰囲気はうんと変わっています。

第１章で記したとおり、（社会を含めて）学校は指示であふれかえっている空間です。

それは必然のことであり、何ら悪いことではありません。

しかし、第2章で記したとおり「指示の本質は従わせること」です。やはり十分な配慮をもちながら進めていかなければ、子どもたちの健全な成長を妨げてしまう可能性すらあるのです。

だからこそ、

教師は「笑顔」を基本設定とする

必要があります。

もし、無表情や、子どもたちを監視するような表情が基本だったらどうなるでしょうか。181ページでも述べますが、「教室環境の最大の要因は教師である」ことを忘れてはいけません。

どれだけ、子どもたちが盛り上がるような楽しめる授業をしたり、学級での取り組みをしたりしたとしても、それを実施する先生の表情がそれにそぐわなければ、学級はうまく進みません。子どもたちは、大人の温かい見守りの中だからこそ、健全に成長できるのであり、大人の冷ややかな視線の中では、健やかに成長していくことが難しくなります。

先生が温かな表情をしているからこそ、子どもたちは「先生は、自分たちのことを考えてくれているんだ」「よし、先生が言っているんだから、やってみよう」という気持ちになれるのです。

先生に表情がなければ、子どもたちは怖がってしまうでしょう。子どもたちは、もしかしたらその思いを打ち明けられずに過ごしてしまうかもしれません。表情がなければ、子どもたちは不安になります。そのことを頭に入れておいてほしいと思います。

また、笑顔でいることで、先生にとってもよいことがたくさんあります。

○楽しいから笑うのではない。笑うから楽しいのだ。

表情を笑顔にすることで、自分の気持ち自体を高めることができます。暗い気持ちで毎日働くよりも、明るい気持ちで働く方が、先生自身の教師人生を豊かにできます。

「笑顔」でいることで、明るい気持ちまで基本設定にしてしまいましょう。

○力を抜いて力を出せる

「余力が大切」といわれます。力を入れすぎると力を正しい方向へ向けることができません。また、子どもたちのもつ力と先生がもつ力、双方が入りすぎてしまうと、ぶつかり合ってしまいます。相手の力をうまく生かす、相手に合わせて力を入れる。そのためには「力を抜いて力を出す」ことが大切です。

力をうまく抜くには「笑顔」が一番です。笑顔で過ごすと、「力み」が消えます。笑顔でいることで、余計な力を抜いてしまいましょう。

○クラスがだんだんと温かくなる

先生が笑顔でいるからといって、それはすぐに効果の表れることではありません。しかし、笑顔の毎日を積み重ねることで、学級の雰囲気は確実によくなっていきます。そのようにして徐々に変わっていったことは、なかなか崩れることはありません。つまり安定した学級をつくることにつながるのです。

もし、何かの取り組みで、子どもたちの姿が一気に変わったとしたなら、それは、いつか一気に元通りになる可能性があるということです。

地道な積み重ねこそ、本当の成果を出せます。

温かな学級である方が、先生が指示を出しやすいことは間違いありません。地道に着実な成果を積み重ねましょう。

○「ここぞ」の場面で小さな力で乗り越えられる

普段から険しい表情をしていたり無表情でいたりすると、いざ、子どもたちに厳しい指示をしなければならない場面で苦労することがあります。普段から険しい表情でいると、指導の場面で険しい表情をしても伝わらないのです。

また、普段から冷たい雰囲気を出してしまうと、指導の場面ではより冷たい厳しい雰囲気を出さなければいけなくなってしまいます。

しかし、普段から笑顔でいることが達成されていれば、「普段から笑顔でやさしい先生が怒っている」と子どもたちがいつもと違う雰囲気を感じます。

すると「何がいけなかったんだろう」「自分たちが変えていかなければいけないことは何だろう」と、自分たちで気付いて改善していってくれるかもしれません。

普段から険しく過ごしてしまっていれば、指導場面のよくない雰囲気が過ぎ去ることを子どもたちはただ待つだけになってしまいます。

(先生と子どもたちにとって)「指示」がしやすい明るい環境をつくる

それを達成する基本姿勢が「笑顔」です。

ぜひ、この文章を読んだ後には、にっこり笑ってみてください。

キーワードを強調する

◎キーワードの強調のために必要なこと

指示をすることにおいて「キーワードを強調する」ってどういうことでしょう。
実は、指示をするうえで、キーワードを強調する場面は、実にたくさんあります。

教科書○ページを広げましょう
３回音読しましょう
10分間実施します
先生の机の上に出しましょう
朝礼台前に集合しましょう

黒板を見ましょう
プリントが配られたら、名前を書きます
ダンスは右足から始めます
〇〇先生にお願いしましょう

何気ない指示を並べてみましたが、どの指示も、教師という仕事をしていればだれもが一度は子どもたちに提示したことのある指示です。
実は、これらの指示にはすべて「キーワード」が込められています。

教科書〇ページを広げましょう
3回音読しましょう
10分間実施します
先生の机の上に出しましょう
朝礼台前に集合しましょう
黒板を見ましょう

プリントが配られたら、名前を書きます
ダンスは右足から始めます
○○先生にお願いしましょう

お気付きでしょうか？
キーワードは、次のようなものが大切になってくるのです。

・数字
・場所
・行動
・方向
・人

このようなことがキーワードとなってくることを意識して子どもたちに指示をするだけで、指示の伝わりがずいぶん変わってくるものです。その部分だけ強調して指示をするよ

うにしてみましょう。

強調するにもいろいろな方法があります。例えば、

「理科の観察で運動場へ出ます。**朝礼台前**に集合しましょう」

この「朝礼台前」という場所を表す言葉を強調するとします。

まず、簡単に実施できる方法として

その部分をゆっくり大きな声で伝える

ことがあげられます。当然、子どもたちに印象付けられることになるでしょう。

さらには、

繰り返す

という方法もあります。

「朝礼台前に集合しましょう」
「朝礼台前です」
「朝礼台前ですよ」

というように3回繰り返して指示を出します。すると、子どもたちに「朝礼台前」がリズムよく印象付けられます。また3回繰り返すことで、指示にもリズムが生まれます。ぜひ「繰り返し」のスキルを活用してみてください。

最後に

問いかける

という方法もあります。

「朝礼台前に集合します」

と指示を出したのちに

「どこに集合だった？」

と、子どもたちに問いかけてみます。

すると、子どもたちは「朝礼台前！」と返事をすることでしょう。

「問いかけ」は、簡単で優れたスキルです。子どもたちからすると、

- **問いかけられて思い出そうとする**
- **思い出したことを答える**

という２つの要素で記憶に刻まれるようになるのです。

ぜひ、問いかけるというスキルもうまく活用してみてください。

間を空ける

◎間を制する者は指示を制する

若い先生や、指示の通りにくい先生によくある共通項が次です。

（指示の中に）間がない

経験が浅く、子どもの前に立つことに慣れていない先生ほど、口調が早くなります。また、もともと話すのがゆっくりな人でも、指示が通りにくい先生に欠けているのが「間」なのです。

国語授業名人といわれる野口芳宏先生は、「間」について次の2つの言葉で表しました。

・間抜け（間が抜けている、つまり間がない）
・間違い（間のタイミングを間違えている）

話し方、そして指示の出し方に「間」を入れることで、うんとレベルを引き上げることができます。

では、「間」はいつ入れると効果的なのでしょうか。それは、3つの場面が考えられます。

・指示を出す前
・指示の途中
・指示の後

それぞれを順に見ていきましょう。

○指示を出す前

子どもたちに話をする前に、十分な間を取ってみましょう。少しの間だと子どもたちは何も気が付きませんが、十分な間を取ることで子どもたちが気付き始めます。


「あれ？　先生の声が聞こえないな」

「自分たちが話しているけど、今、話していいのかな」

「ん？　急に先生が話さないぞ」


子どもたちは、先生の間を感じると、それぞれに何かに気付き始めます。

実は、間には次のような効果もあるのです。

間をつくることでメッセージを伝えることができる

つまりは、

黙っているのも指示のうち

ともいえるでしょう。指示といえば「どう子どもたちに話すか」「どう声を使うといいか」といったことに目が向きがちですが、それだけではないのです。

どう話をしないか
どう声を使わないか

そんな視点もとても重要です。

そして、逆の発想を生かすことでまた「どう子どもたちに話すか」「どう声を使うか」が生きてきます。

指示を出す前に間を空ける。

そんなことも意識してみてください。

○指示の途中で

指示の途中で活用する「間」も、とても効果のある方法です。

先ほどの指示の例を活用してみていきましょう。

先ほど、次のような指示を例にあげました。(キーワードにはマーカー線をひいています。)

10分間実施します
先生の机の上に出しましょう
朝礼台前に集合しましょう
黒板を見ましょう
プリントが配られたら、名前を書きます
ダンスは右足から始めます
○○先生にお願いしましょう

これらの指示のどこに間を入れるといいのでしょう。ポイントはキーワードを意識することです。

私が先のような指示に間を入れるとするなら、次のような位置に入れます。間を●で表します。

●10分間●実施します
●先生の机の上●に出しましょう
●朝礼台前●に集合しましょう
●黒板●を見ましょう
プリントが配られたら、●名前●を書きます
ダンスは●右足●から始めます
●○○先生●にお願いしましょう

見てお分かりのとおり、

キーワードの前後に間を入れる

ようにするのです。間を入れることで、さらにキーワードを強調することができるようになります。

「とはいっても、指示の途中の場面では、どれくらいの時間、間を取ればいいの？」と思う方もいらっしゃるでしょう。指示の途中なので、突然、長い時間を空けることはあまりに不自然です。

私は、指示の途中の間は、次のように意識しています。

2〜3秒程度

実際は、これくらいしか間を空けることはしていません。しかし、この「2〜3秒」があるかないかは、本当に大きな差となります。そして、こんなにも短い時間ですが、意識をしなければできることではありません。

ぜひ、指示の途中には、キーワードの前後で間を空けることを意識してみてください。

○**指示の後**

指示の後は、基本的に次の活動へとつながる場面になります。

指示を出した後に、あわてて次の活動へと移ってしまうと、子どもたちがせっかく聞いた指示を意識できなくなってしまいます。

指示の後にも間を空ける

こうすることで、次の活動に落ち着いて入ることができます。間の時間が「どんな指示が出たのかな」という確認の時間になったり、「次はどうしたらいいのかな」という見通しの時間になったりします。

指示を出した後は、先生にとってはホッと一息つく時間です。しかし、もう少しだけ緊張感をもち続け、少しの時間の間（こちらも2～3秒程度でよいでしょう）をもってみてください。

子どもたちが落ち着いて次の活動へ移ることができます。

教室の後ろまで届く声で

◎声は「聞かせる」のではなく「届ける」

あなたの声は、教室の後ろまで届いていますか。
自分の声は、意識をしなければ教室の後ろまで案外届いていないものです。
ただ、ここで気を付けることがあります。

「聞こえている」のと「届けている」のは違う

「教室の後ろまで届く声で」と聞くと、「大きな声でしっかりと届ける」とイメージした人もいるのではないでしょうか。しかし、それは聞こえているだけで届いているとはいえません。「声」は聞こえているだけでは役目を果たさず、「届ける」からこそ役目を果たすのです。

「聞こえる声」でよければ、声の大きさがしっかりと出ていれば聞こえます。よって、「大きな声」さえ出していれば、その役割を果たすことができます。

しかし、「届ける声」となると、大きな声だけではいけません。

「届ける声」は「子どもたちの心まで届ける」ということ

つまり、声の大小がゴールではなく、子どもたちの心まで届いているかどうかがゴールだということです。

そう考えると、声の大きさや調子、声色についてずいぶんと考えなければいけません。

指示をする場面によって、声を操っていかなければいけないのです。

いろいろな場面を想定して考えてみましょう。

・いつも通りの教室環境で指示を出すとき
・テスト監督中や図書室などで指示を出すとき
・遠足など子どもたちが楽しみにしている場面で指示を出すとき
・休み時間に緊急で指示を出すとき
・災害などで避難させるときに指示を出すとき
・道徳教育に関するような大切なことを話題にあげて指示を出すとき

それぞれの場面で、どのような声を使って指示を出していくのかをみていきます。

○いつもどおりの教室環境で指示を出すとき

いつもどおりの教室環境で指示を出すときの声が、その先生の「声の基本設定」となるはずです。つまり、この基本設定が普段の教室の雰囲気を生み出すといえるでしょう。

意識したいことは

・やや小さめであること

・温かくやわらかい声であること
・全体を包むような声であること

こんなことを意識したいところです。普段から小さめの声で話をすることで、子どもたちも落ち着いた雰囲気で先生の指示を聞くことができます。また、温かくやわらかい声であることで、安心した雰囲気で過ごせることでしょう。

とはいえ、温かくやわらかい声では、イメージが湧きにくい人もいるかと思います。

そんなときは次のことを考えてみてください。

・自分の出す声の色は何色にするか
（オレンジ色などと考えると温かくなる）
・自分の声の温度はどれくらいか
・自分の声の形はどうか
・自分の声のやわらかさはどうか

そんなイメージを膨らませることで、自分の声の質を高めることができます。

そして、その声で教室全体を包むイメージをもって指示をすることです。

教室全体をイメージすれば、自然に子どもたち全員を意識することができます。

色、形、温度、やわらかさなどをイメージして、自分だけの声を探って指示をしていきましょう。

○テスト監督中や図書室などで指示を出すとき

テスト中や図書室などは、その空間しか生まれない静けさがあります。

その静けさに逆らって指示の声を使わない

ことが大切です。子どもたちがシーンとなって取り組んでいるのに「大きな声」「早口」「とがった声」を使うと、その場の雰囲気を崩してしまうことになります。

いくら指示とはいえ、その空間の雰囲気に合った声を出すべきです。

そうした場で指示を出すときには、そのときの雰囲気を十分に感じてから指示の声を決めるようにしましょう。

○遠足など子どもたちが楽しみにしている場面で指示を出すとき

子どもたちが楽しみにしている学校行事。しおりを配布したり連絡をしたりするときには、子どもたちも飛び上がって喜ぶことでしょう。

その喜びに共感してやることは、とても大切なことです。「楽しみだね」「うれしいね」としっかりと子どもたちと共感の声を出しながら、そのときの雰囲気を味わってやりましょう。

ただ、そのままの雰囲気で指示を出すことは厳禁です。遠足など学校行事は大切な連絡をすることが基本です。さらに、いつもと活動が違うので、指示や説明をすることが多くなります。

「切り替え」を大切にすること

まず、これがあげられます。子どもたちと共感をした後には、空気を切り替えてやらなくてはいけません。

ただ、ここで共感を抜かしてしまうと、子どもたちからすると「私たちは楽しみにしている遠足なのに、先生は楽しくないのかな」と、がっくりした気持ちをもつことでしょう。

ですので、

共感
↓
落ち着いた雰囲気づくり

という流れが大切です。「楽しみなのはすごく分かるけれど、先生の指示や説明を聞いて、準備をしないとせっかくの遠足が楽しくなくなってしまうよ」などと、指示を聞く必要性を伝え、落ち着かせることを必ず行ってください。

それから指示を出すことで、行事ごとの指示も、子どもたちの心に届くようになっていくのです。

○休み時間に緊急で指示を出すとき

休み時間に緊急で指示を出さなければいけないときがあります。例えば、体育の場所が急に変更になった、次の時間に突然、必要なものができたなどです。（あまりよくないことではありますが、どうしてもそんなことは起こってしまうものでしょう。）

そんなときには

ひとまず響く声で子どもたちから注目を集める

ことです。

「次の体育についての連絡です！　先生の話を聞きましょう～！」

普段の指示では「聞きましょう～！」などと伸ばして話すことは厳禁ですが、こうしたときには、有効な一手となります。

伸ばしている間に、子どもたちの意識を向けることができる

そんな効果を見込むことができます。伸ばして声を出している間に教室を見渡し、子どもたちの視線が集まってくることを確かめましょう。そして、

子どもたちの視線が集まったら、声のトーンを落として連絡を行う

「次の体育は体育館になりました。体育館シューズを用意しておきましょう」などと、子どもたちに伝えたい指示を出します。第一声の「聞きましょう〜！」と、その次の指示でギャップをつくることで、子どもたちに休み時間の中でも指示を通すことができるのです。

なお、この方法が使えるのは、普段の教室で、やや小さめの声で指示をしているからこそです。もし、普段から先生の大きな声に慣れている子どもたちであれば、さらに大きな声で伝えなければ、子どもたちは意識を向けません。

そうなると、「声の大きな先生」しか、連絡ができないことになってしまうのです。災害などのときもそうですが、普段の声の大きさにあえて余力を残しておくことで、いざというときに大きな声が役立ちます。

そんな意識をもって、普段から声を使い分けてみてください。

○道徳教育に関するような大切なことを話題にあげて指示を出すとき

例えば、物を大切に扱わせたいとき、身なりを整えたいとき、整理整頓を促したいとき。そんな指示を出すときにふさわしい声の出し方もあります。

例えば、かかとを踏んでいる子どもに対して、「靴をきちんと履きなさい」と指示するとします。

そのときに、弱い声で言っても相手に伝わることはありません。もし、子どもがわざと靴を踏んでいるとするなら、それは悪い心がそうさせているのであり、悪い心に打ち勝つ声でなければ相手の心に届かないでしょう。

しかし、

怒鳴りつけるような声で言うのもＮＧ

です。道徳的な行為は、本来、自分自身から「やったほうがよい」「やると気持ちがいい」という思いがあるからこそ、達成されるものです。先生の強制で実施させたところで、それは、真の道徳教育にはなりません。

相手の悪い心には打ち勝つ、しかし、決して声を荒げるわけではない……。

調整が難しいところではありますが、次のような意識をもつことが大切なことなのです。

悪い心に気付かせ、自らで正しい方向へと進んでいけるように仕向ける

悪いことはきちんと正すけれど、正しい方向へ進むことは、自分の心で一歩を踏み出せるようにする。

そんな意識をもって、子どもたちに「道徳的指示」を出してみてください。その積み上げが「よりよく生きよう」と思う子どもの心をはぐくむことにつながっていくのです。

自分の声を聞く

◎自分の指示を自分で高める習慣術

教師は言葉を大切にする職業です。

しかし、子どもと教師という関係、また教室で大人が基本的に一人という環境からか、気付けば教師の扱う言葉が少々荒くなってしまうことはないでしょうか。

教師という仕事は、たくさんの子どもたちや先生たち、保護者と関わりながら進めていくものではありますが、一方で「(最大)一人で40人ほどの子どもをみる」という孤独な仕事でもあります。

そんな職業だからこそ、大切にしてほしいことがあるのです。

自分の声を聞く習慣を身に付ける

もし、誤った言葉や間違った言葉を使って指示をしていたとしてもだれも聞いていない——なんてことはありません。

いつも自分の声は自分が聞いている

このことを忘れないでほしいのです。ついつい忙しさや慌ただしさから言葉が乱れることもあるかもしれませんが「自分の声を自分で聞く」ことを習慣にしていれば、大きな間違いを起こすことはありません。

また、「自分の指示の声を自分で聞く」ことを習慣にしていると、よいことがたくさんあります。

いつも冷静でいることができる

自分の出す指示を自分で聞く習慣を身に付けていると、いつも冷静でいることができます。冷静でいるということが、自分のパフォーマンスの向上にもつながります。つまり、自分の指示の声を聞くことで、よりよい指示を出せるのです。

さらには、

自分の指示の声を聞くことで、自分の指示をふり返ることができる

こともあげられます。自分の声を聞くように意識すると

「3時間目の授業の開始にはこんな指示をしたな」

「帰りの会の○○という指示は、子どもたちが落ち着いたな」

など、自分の指示について、頭の中でふり返ることができるのです。

もし、自分の指示の声を聞く意識をもっていないとしたなら、こうしたふり返りを頭の中の

中で実施することは不可能に近いでしょう。私たち教師は、子どもたちに向けて話すことが本当に多い仕事です。気付けば、指示の出し方や話し方が雑になってしまうことがありますが、それは決してよいこととはいえません。

そうならないためにも、自分の声を聞き、日々、自分の指示の出し方をふり返る必要があります。本来であれば、自分の指示を録音して聞き直したり手帳やノートにふり返りを書いたりするとよいかもしれませんが、なかなか、そうした時間が取れないのが現実です。だからこそ、自分の指示を自分で聞くことを習慣づけ、頭の中でふり返りを行いましょう。

ふり返りの積み上げは、確かに自分自身の成長へとつながります。

ぜひ「自分の指示の声を聞く」ことを習慣にしてみてください。

コラム　私の「間抜け」な話

若いころ、毎日の授業を少しでもよくしようと、自分自身の授業の音声を記録していたことがあります。「今日は○時間目の××を録音しよう」と、机の上に録音機をセットし、授業が始まると同時に録音ボタンを押していました。

録音は、学校の勤務が終わってから、イヤホンをして聞くようにしました。

いったい、どんな声が録音されているのか……。

自分の話がとてもうまいとは思っていませんでしたが、「今日のあの授業は子どもたちも楽しそうだったな……」と、少しの期待もしていました。ところが、とてもではありませんが、聞けるような音声ではありませんでした（笑）。すぐにでもイヤホンを外そうか、停止ボタンを押そうかと思いましたが、それでは録音している意味がありません。何とか自分の声を聞き続けました。

いろいろと問題点はありましたが、私自身が聞いていて、一番気になったことは次のことでした。

間がない

間については、サークルでの学習会などでも「話をするときには間が大切」と習っていたので、自分としては気を付けながら話しているつもりでした。しかし、いざ聞いてみると、全くと言っていいほど、間がなかったのです。

そこからは、自分でも自分の動きが止まっているのかな、と思うくらいに間を空けるようになりました。そうして録音すると、ようやく「あ、間が空いているな。聞きやすいな」と感じることができるようになったのです。

「間が抜けていることを『間抜け』という」と野口芳宏先生はおっしゃいました。

話をするときの間の取り方、十分に気を付けたいものです。

第４章

「伝わる指示」に変える技術《わざ》

第4章では、「『伝わる指示』に変える技術《わざ》」というテーマでお話をしていきます。第3章同様、「第2章の指示の基礎・基本と合わせて活用することで、ちょっとよくなる」といった小さなスキルを集めてみました。

指示をするときに、ちょっとした言葉かけを入れたり、子どもたちの活動を入れたりすることで、指示の効果をちょっと高めることができます。

どの項目も、すぐ簡単にできるスキルばかりなので、使えそうなスキルから取り入れてみてください。きっと、これまでと違った効果を実感できるはずです。

「指示をします」と宣言する

◎子どもたちに心の構えを

実は、指示をする前から「指示が通りやすいかどうか」が決まっています。
当然といえば当然の話なのですが、

子どもたちが指示を受け入れる態勢が整っているか

が、とても大切なことです。

何かに取り組むときに「準備」が肝要であることは、様々な有名人の言葉からもみることができます。

ここでは、元メジャーリーガーのイチロー選手の言葉を引用してみましょう。

「ハイレベルのスピードでプレイするために、ぼくは絶えず体と心の準備はしています。自分にとっていちばん大切なことは、試合前に完璧な準備をすることです」

（児玉光雄『イチロー流　準備の極意』（2016）青春出版社、34ページ）

一番大切なことが「試合前に完璧な準備をすること」と言っています。もちろん、指示の準備は、先生の指示の整理や伝えたい内容は何かといった教師の側の備えが大切なのはいうまでもありませんが、同時に、子どもたち側にも確かな準備を求めたいところです。

さらに「心と体の準備」と言及しているのもおもしろい点です。

子どもたちが指示を受けるのに必要な「心と体の準備」とは、いったいどういったことでしょうか。ここでは、それについて詳しくみていってみましょう。

○指示を受ける前に必要な心の準備

子どもたちに「心の準備とは？」と聞くと「先生の言うことをしっかり聞くこと」など

といった言葉が返ってきそうですが、それだけでは「心の準備」として十分とはいえません。「ただ先生の言うことを聞いていればいいだけ」では、主体的とは程遠い状態であるからです。

では、指示を受ける前に必要な心の準備とはいったい何なのでしょうか？　それは、

先生の指示を自分ごとにする

ということです。「これからアサガオの観察についての話をします」と言えば、子ども自身の学習に関することです。「今から明日の遠足の持ち物について話をします」と言えば、自分自身が参加する遠足についての話になります。

先生からの情報を「自分ごと」にするからこそ、主体性をもって話を聞くことができるのです。いくら先生からの話であっても「自分ごと」へとつなぐことができなければ、その指示は子どもたち自身のものとすることはできないでしょう。

では、「自分ごと」にするためのポイントは何でしょうか。

それは、

見通しをもっているかどうか

です。「なぜ運動場に集まるのか」「なぜ鉛筆を持っていくのか」、そうした見通しをもつことができていないままに先生の指示を聞いたとしても、それは、ただ言われたことをこなしているだけであり、主体的な態度をもつことはできていないといえるでしょう。

「まずは、準備体操をするから体育は運動場に集まる」「アサガオの観察日記を書くから鉛筆が必要」といったように、子どもたち自身にその先を見通せる状態をつくるようにしましょう。

見通しをもつことができれば「忘れないようにしよう」「すばやく集まろう」「ちゃんと漏れのないように聞こう」というように、主体性をもつことができます。

準備の心をもつためには見通しをもつ

と覚えておきましょう。

○指示を聞くために必要な体の準備

ここまでは、指示を聞くために必要な心の準備についてでした。

では、体の準備はどうすればいいのでしょうか。

私は大きく2点あると思っています。

・腰骨を立てる
・机上を整理する

まずは、「腰骨」を立てることです。

教育者の森信三先生は次のように言います。

腰骨を立てるということなんだ。性根の入った人間になる極秘伝は、朝起きてから夜寝るまで、常に、腰骨を曲げんということだ。

（森信三『講話録　真理は現実のただ中にあり』（2000）致知出版社、46ページ）

もちろん、子どもたちへの過度の要求は厳禁ですが（腰を立てて座っていないからと細かく注意しすぎるなど）、正しい姿勢を求めることは大切なことです。（中には姿勢保持が極度に負担になる子もいますので、「姿勢がよい＝話が聞ける」と言い切れるわけではありませんが……）

まずは腰を立てて話を聞く

この習慣を学級に取り入れましょう。腰を立てることで、話を聞くことができるだけでなく、次のような効果も期待できます。

・学力が向上する（よい姿勢を保つことで、脳にまで血流が回り、集中力を持続できる。）
・道徳的心情をはぐくむ（よい姿勢が前向きな心を生み出し、後ろ向きな気持ちを減少させる。）

「腰を立てる」という習慣を身に付けるだけで、学校教育の効果をうんと引き上げることが期待できます。

先生が出す「指示」は、毎日繰り返し実施されるものです。その都度

「腰骨を立てましょう」

「腰を立てましょう」

と、言葉かけすることを意識してみてください。腰骨がきちんと立っている習慣があるだけで、学級の雰囲気は大きく変わります。その習慣を身に付けるために、「指示＋姿勢指導」をセットにしてしまうのです。

ちなみにですが、子どもたちが座っているときの足をどうするかで姿勢は大きく変わってきます。

やってはいけないのは

足を前に投げ出す

ということです。（実際に読者のみなさんもやってみてください。）

これをしてしまうと、確実に姿勢が崩れます。どうがんばって腰を立てようとしても立てることができないのです。

ですので、足は

真下におろす（膝が90度）

もしくは

くの字に曲げる（椅子の下にしまい込む）

のどちらかです。真下に下ろす座り方は、大変美しく見えますが、1日中、それを保持し続けるのは、現実的ではありません。よって、子どもたちに「くの字に曲げる」ことを教えておきます。くの字に曲げると、姿勢保持が少し楽になります。

姿勢指導は、姿勢保持のスキルまで、子どもたちに話をしてあげましょう。

次は「机上整理」です。「部屋は、心を映す鏡」ともいわれます。

子どもたちの机の状態が、心の状態を表している

そんな視点をもって、子どもたちの机上を見てみましょう。
よくよく注意して子どもたちの机の上を見てみると……

・前の時間で使われた教科書やノートがある
・休み時間中に配布された関係のないプリントがある
・水筒や帽子が載っている
・不要な文房具が載っている

そんな状態になってしまっている子がいないでしょうか。机がそのような状態であれば、前で話をしている人よりも、自分の机の上に載っているものが気になるのは当然です。

このような状態であれば、子どもたちに先生からの指示を通そうとしても通りにくくな

ります。

ここまで、子どもたちの指示を出す前の準備について話をしてきました。

指示を出す前に、子どもたちの心と体の状態が整っているか

を見てみましょう。それだけで、その後に出す指示の効果をうんと高めることができます。

先にあげたイチロー選手は、次のようにも言っています。

「〝準備〟というのは、言い訳の材料となり得るものを排除していく、そのために考え得るすべてのことをこなしていく、ということですね。」

(Number Web 2016/1/31配信)

子どもたちに指示を出す前に、子どもたちへ指示が届かなくなる可能性のある材料をで

きるだけ排除してから、指示を出す。教室でもイチロー選手と同じように「言い訳の材料」を丁寧に取り除くことが重要になります。

「よりよい準備でよりよい指示を」

ぜひ、実践してもらえたらと思います。

個別指示は挙手をさせる

◎全体で話すときの落とし穴

教室では、全体に向けて話をしているけれど、ある特定の子どもへの指示をすることがあります。

例えば、算数の場面。

問題解決の進度が子どもによってまちまちというのはよくあることです。

まだ教科書の問題を解いている子。

すでに問題集へと移行している子。

それすらも終わっている子。

全国どの教室でも見ることのできる現象でしょう。

また、高学年であれば、各委員会への連絡場面もあげられます。

職員朝会で「○○委員会の子どもたちへ連絡をお願いします」とお願いされることは多いでしょう。

どちらの場面も「全体の前で話をするけれど、ある一部の子どもたちのみへの指示」となります。

こんなときによくあるのが、

全体向けに話しているために、
本来聞いてほしい子どもが指示を聞いていない

というケースです。

子どもによっては、「先生はみんなに話しているので、自分には関係がない」そんな風に感じてしまいます。

そのようなとき、私は、こんな指示を出すことがあります。

飼育委員会の人、手を挙げましょう。飼育委員会の人に連絡です。

算数の問題が終わった人は手を挙げましょう。終わったら、問題集に取り組みます。

まだ算数の問題が終わっていない人は手を挙げましょう。すべての問題が終わってから休み時間にします。

こんな風に、

手を挙げさせる

ようにしています。

そうすることで、子どもたちは、

自分が話しかけられているのだ

と自覚することができます。特に全体の場では、この「自分が話しかけられている」という感覚を必ずもたせるようにしなければいけません。

教員ならば、プール開始前までに必ず受講する「ＡＥＤ研修」があります。

救急車やＡＥＤを周りの人にお願いする場面を訓練しますが、次の指示ではいけないと指摘を受けます。

だれか、救急車とＡＥＤをお願いします。

この指示では、

だれに言っているのか分からない

からです。特にＡＥＤを使ったり救急車を呼んだりするような場面は、緊急時です。自分の出す指示が瞬時に伝わらなければ、指示としては不合格です。

よって、このような指示をするように訂正が入ります。

青い服を着ている男性の方、119番をお願いします！

メガネをかけている女性の方、ＡＥＤを持ってきてください！

このように相手が「自分ごと」と捉えられるよう、「だれに言っているのか」がはっきりと分かるような指示を出すのです。そうしてはじめて、緊急事態の指示として活用できるのです。

この考え方を、教室の普段の指示でも取り入れてみましょう。

一部の子どもたちに指示を出すときには、「だれに」指示を出しているのかをはっきりさせるようにすることです。

ぜひ、試してみてください。

数字を入れて指示を出す

◎数字の力をうまく活用する

数字は本当に大きな力をもっています。

例えば、通知表。

「評定」の欄には、「1～5」の数字が並ぶことが多いと思いますが、「5」「4」の違い、「3」「2」の違いをはじめ、たった一つの数字の違いで、大きな物議を醸すほどです。

テストの点数が100点だと子どものやる気は大きくアップしますし、偏差値などは最たるものです。

そんな不思議な力をもつのが数字です。

この数字の力を、うまく指示の場面で活用してみましょう。

○目標値としての数字を使う指示

「写真を見て気付いたことを４つ以上、ノートに書きましょう」

「写真を見て気付いたことを２つ以上あげましょう」

「３人の人と意見を交換しましょう」

「１日に１回は手を挙げて発表しましょう」


こんな風に「個数としての数字」を入れるようにしてみます。すると、子どもたちはその数字を目指して活動に取り組むことができます。また、具体的な数字が子どもたちのやる気を引き出すことにもつながります。

○評定値としての数字を使う指示

「今日の掃除では（４点満点中）３点以上の掃除をしましょう」

「明日が運動会の本番です。95点以上の演技をしましょう」

「今の開脚跳びは４点です。５点満点まであと１点です」


こんな風に、評定値として数字を使って指示を出します。

子どもたちは「あと1点分やるぞ！」「今日は3点以上を目指すぞ！」と意欲をもって取り組みます。より丁寧な指導をするのであれば「○○ができれば○点になる」ということを子どもたちに伝えてあげましょう。子どもたちに提示した数字により意味をもたせることができます。

○個数としての数字を使う指示

「今から3つの指示をします」
「運動場に出たら2つのことをします」

こんな風に、見通しをもたせる場面などで「個数としての数字」を活用します。

子どもたちは、数字があることで

自分たちはいくつのことをすればいいのか

を考えて動くことができるので、やるべきことがはっきりと分かるというよさがあります。

ただし、数字にはデメリットも多くあります。

本来は過程に着目してほしいのに、数字だけにとらわれてしまう、ということも出てきます。

子どもたちへ数字を使った指示でも、同じことがいえます。

必ず全員にやらせたいことは2つでよかったのに、発展的な課題も含めて「3つのことをやりましょう」と指示してしまえば、3つ目ができなかったことが子どもたちの中に残って、達成感を得ることはできません。

「今の演技は（5点満点中）4点！　いや、ちょっと待って。やっぱり3点かな」

数字を使って、こんなあやふやなことを言ってしまった場合も、子どもたちは気分が上がったり下がったりとなってしまいます。

また数字は、こうした大きな影響力をもっているので、その使いどころのバランスも大切です。

先生が数字に頼りすぎる指導をすることで、子どもたちが数字にこだわりすぎてしまう危険性もあるということです。

数字を扱うときには、子どもたちの様子をよく観察し、正しく数字の影響力が子どもたちに届いているかを気にしながら実施するくらいでちょうどよいでしょう。

そのことを頭に入れつつ、ぜひ、数字を使って、効果のある指示を出してみてください。

指示を問いかけに変えてみる

◎問いかけは脳にとっても最強のツール

89ページでも少し取り上げた「問いかけ」というスキル。実は、脳の構造上、とても効果のある方法なのです。ここぞというとき、ちょっと変化を加えたいとき、さらには、子どもたちの自主性をはぐくみたいときには「問いかけ」による指示はとても有効です。
（問いかけによる指示を、私は「問いかけ指示」と呼んでいます。）

なぜ、問いかけが効果を発揮するのか。
それは、脳に次のような原則があるからです。

脳は空白を嫌う

例えば、次のような漢字クイズがあったとします。

月
↓
試 → □ → 器
↓
費

このように真ん中が□で空白になっている場合。私たちは、何気なく「何が入るんだろう」「どの漢字ならはまるのだろう」と思考を始めます。このとき、「よし！　解くぞ！」というよりは、「気が付いたら考えている」というほうが、このときの頭の中の状況を表しているのではないかと思います。（ちなみに□には「食」が入ります。）

また、文脈とは関係なく、突然に

昨日の晩御飯は何を食べましたか？

と聞かれると「なんだったっけ？」と考えてしまいます。授業中であろうが、別の話題で話を進めていようが、このように本を読み進めていようが、お構いなしに「なんだったかな？」と考えてしまいます。

それが「問いかけ」の効果であり、脳の特徴なのです。

「脳は空白を嫌う」、つまりは

脳は「問いかけ」を避けられない

ともいえるでしょう。

その効果を活用したのが「問いかけ指示」なのです。

「問いかけ指示」にもいくつかのパターンがあります。通常の指示の例と比べながら紹介していきます。

○やるべきことを「問いかけ指示」で伝える

教科書とノートを出しましょう。
↓
今、必要だと思うものは何ですか？　必要だと思うものを出しましょう。

ゴーグル、タオル、水泳キャップ、水筒を忘れず持ちましょう。
↓
水泳の授業で必要な４つのものは何ですか。（数字の活用と組み合わせることもできる。）

○学習などの「ポイント」（コツ）を問いかけ指示で伝える

（漢字の学習をしているときに）
トメ・ハネ・はらいに注意して書きましょう。
←
（漢字を書くときに）どんなところに気を付けて書くとよいですか。

（小数のたし算・ひき算を学習しているときに）
小数点を忘れないようにしましょう。
←
忘れてはいけないものは何ですか。

○子どもにセレクトさせる「問いかけ指示」

（帰る用意をする場面）
5分間で帰る用意をしましょう。
↓
何分で帰る用意をするのにチャレンジしますか。

○分後には、運動場に集まりましょう。
↓
何分後に運動場に集まることができそうですか。

このように「問いかけ指示」に変えることで、子どもたちの次のような点が変わってきます。

・集中力をもって聞き、記憶することができる
・先生からの指示を考えながら聞くことができる
・先生の指示を主体的に聞けるようになる

つまり、「問いかけ」に変えることで、現行の学習指導要領で示されている「知識・技能」「思考・判断・表現」「主体的に学習に取り組む態度」の3観点を育てることにつながるのです。日常の小さな場面ではありますが、普段から積み上げることで、子どもたちの成長へとつなげることもできます。

ただし、これだけ期待できる「問いかけ指示」ですが、ある程度の前提は必要です。

・子どもたちが体験や経験の中から引き出されるものがある
・子どもたちが思考できるだけの体験や経験が備わっている

もちろん、基本的に子どもたちは自分たちだけで考えることのできる体験や経験を持っています。

ただし「初めて行く遠足の場所」「小学校生活で1回しかない修学旅行」などの場面では、「問いかけ指示」が混乱を招く場面もありますので、注意しましょう。（修学旅行で「明日は何時に起床すればいいですか？」と問いかけても、旅行についての情報が大人よりも不足している子どもたちには判断できないなどということが考えられます。）

「問いかけ指示」の特性を理解し、日常の中でうまく活用してみてください。

きっと、子どもたちの動きや表情が変わっていくはずです。

活動をセットにする

◎「活動指示」が子どものやる気を引き出す

先ほどの問いかけ指示と同様に、セットにするだけで大きな効果をもたらしてくれるのが「活動をセットにする」というスキルです。

私は、これを「活動指示」として活用するようにしています。

文字のとおりで、指示に追加して「活動」をセットにし、子どもたちに提示するのです。

どうして活動することが子どもたちのやる気を引き出すのでしょうか。

例えば「歩く」という動作を入れることで、

ドーパミン

という脳内ホルモンが分泌されるといわれています。このドーパミンが分泌されると

・気持ちが前向きになる
・集中力がアップする

などの効果が期待されます。

普段の先生からの指示に「活動」をプラスすることで、子どもたちの脳内の状態をよりよくしていくことができるのです。

現場で子どもたちと授業をしていると、「立つ&座る」といった小さな活動だけでも、十分に子どもたちの状態をよくすることができると感じています。

それでは、活動と指示をセットにした「活動指示」のいくつかの例をご紹介します。活動指示のないときと、活動指示のあるときを比較しながら見ていきましょう。

○自分の席でできる活動指示

教科書○～○ページを音読しましょう。
←
教科書○～○ページを音読しましょう。読み終わったら座りましょう。それでは全員立ちましょう。

問題を解きましょう。
←
問題を解きましょう。できた人は手を挙げて先生に合図しましょう。

教科書を出しましょう。
←

教科書を出しましょう。出せたら先生の方に向けて見せてください。

ペアで話し合ってみましょう。

↓

ペアで話し合ってみましょう。話し合いが終わったら二人で手を挙げて知らせましょう。

班の形にしましょう。それぞれの意見を発表し合いましょう。

↓

班の形にしましょう。それぞれの意見を発表し合いましょう。全員の発表が終わったら、机を元の形に戻しましょう。

○教室を広く使った活動指示

自分の意見を発表しましょう。

← 自分の意見を○人の友達に発表してきましょう。発表が終わったら自分の席に座りましょう。

このように、「指示＋活動」とすることで、先生からの指示に動きを加えることができます。

また、「活動指示」には、大きな特徴があります。

それは

ゴールの姿を示していること

です。

「先生に教科書を向けましょう」「話し合いが終わったら手を挙げて先生に知らせましょう」など、活動のゴールが見えていることがとても大切なことです。

ゴールを示すとは、つまり

見通しをもたせる

ことにつながります。子どもたちは、今、取り組んでいる活動の次の活動までを見越して学習に参加することができるのです。

また、ゴールの姿を示していることで

達成感を得ることができる

というのも大きな要素でしょう。先生が示したゴールを達成することで「できた！」という体験を子どもたちに味わわせてあげることができます。

また、ゴールを示すと、先生も子どもたちを承認しやすくなります。

例えば「できた！」と手を挙げる子がいれば
「できたんだね」
「よくがんばったね」
と承認してやることができますし、机の形を元に戻している班があれば
「話し合いが終わったんだね」
「いい話し合いができた？」
と承認できます。

活動指示には、「活動のゴール」が含まれます。

ゴールを示すことで、子どもたちにとっても、先生にとってもよいことがたくさんがあるのです。

ぜひ、日ごろから「活動指示」を意識してみましょう。

子どもたちの承認の機会がうんと増えますよ。

コラム　「今から指示をします」の言葉の効果

教師という仕事を始めたころ、先生の言葉にはそれぞれに役割があることを知りました。その言葉の役割とは

説明……子どもたちに活動内容を説明する

発問……学習を深めるために子どもたちに問う

指示……こちらが望む子どもたちの具体的な行動を示す

の3つでした。

とはいえ、そんなことを知ったからといって、すぐにそれぞれを使い分けて話ができるはずがありません。「発問」については疑問形になるので、まだ「今、発問をしているな」と自覚できますが、説明と指示はどちらも疑問形ではないため、自分自身でも使い分けることに時間がかかってし

まいました。

そんなときに使ったスキルが119ページで紹介した「今から指示をします」と、子どもたちに宣言をすることです。この言葉を使うと、子どもたちは「聞かなくちゃ」という姿勢になるのですが、一番は「今、自分は指示をしているんだな」と、自覚をすることができたことです。指示をするのであれば、相手が動くことができるようにはっきりと伝えなくてはいけません。それまではあいまいな指示をしていた私も、そのときから、少しはっきりと子どもたちに指示をすることができるようになった気がします。

「今から指示をするよ～」なんて、子どもたちに言いながら指示をすることで、ずいぶん子どもたちも「今から聞こう」という姿勢になっていた気がします。また、自分自身にもよいプレッシャーを与えることができて、一石二鳥でした。

「今から指示するよ」という言葉を、ぜひ教室でも使ってみてください。

きっと、何らかの効果を得ることができるはずです。

第5章
「指示」が伝わる土台をつくる

第5章では「『指示』が伝わる土台をつくる」というテーマでお話をしていこうと思います。

ここまでは、「指示の伝え方」の様々なスキルを述べてきましたが、指示を通りやすくする最も効果的なことは、「子どもたちが先生のことを信頼している」という状態をつくり出すことです。子どもたちは「この先生のことが大好き」と思えば、先生の言うことに応えようと思いますし、「この先生は信頼できないな」と思えば、なかなか耳を傾けてくれません。

まずは、子どもたちから信頼されるようになりましょう。

実は、「指示の方法」に目を向けること以上に、「指示を出す先生のあり方」に目を向けるほうが、教師としての成長も達成できるのです。

信頼関係を育てる

◎信頼関係のつくり方

信頼のある先生の指示には、子どもたちは応えようとします。
では、子どもたちと信頼関係をつくるためにはどうすればいいのでしょう。
みなさんは「信頼関係のつくり方」と聞くとどのような方法が頭に浮かびますか？
子どもたちと信頼関係をつくるうえで、やっぱり外せないのが

出会いの日

です。

心理学には

初頭効果

と呼ばれるものがあります。初頭効果とは

（最初に与えられた）相手へのイメージを無意識的に決める心理学の効果

をいいます。人は出会って数秒で第一印象を決めるともいわれています。そんなことから考えると、出会った瞬間に

笑顔でいる

ことは、言いすぎても言いすぎではないくらいに大切なことであるといえます。

子どもたちと出会った数秒間を笑顔で過ごせるかどうか。

学級開きのときには特に意識をするようにしましょう。

さらに、私が出会いの日に大切にしていることが2つあります。

1つは、

先生のとっておきの話をする

ということです。先生が学級の中で大切にしたいことを、語ったりミニ授業風に伝えたりします。

ある年の学級では、ミニ授業風に次のような話をしました。

「あるポスターに次のように書かれていました」

人生には地図もナビもない。

だから、□が必要だ。


（かんぽ生命　広告ポスター）


「四角には、どんな言葉が入るのでしょうか？」

（子どもたちに相談させ、意見を発表させる。

子どもたちの意見を聞いてから、□の中に入る言葉を伝える。）

「四角の中には『夢』という文字が入ります」

（「人生には地図もナビもない。だから、夢が必要だ。」と提示した後、次のことを問う。）


どんな意味なのでしょうか。

（子どもたちの意見を聞いたのちに、続けて次のことを聞く。）

この言葉に賛成ですか。

（おそらく、多くの子どもが「賛成」と言うだろう。もし、全員が賛成と言っても、それぞれ理由を聞いていく。もちろん、「反対」の子がいれば、その子の意見を丁寧に聞く。子どもたちの理由を聞きながら、その言葉の意味について迫っていく。）

（そして、次の言葉を提示する。）

人生は夢だらけ

（さらに、続けて次の言葉を紹介する。）

みんなでつくる　夢の道

（子どもたちといっしょに音読した後に次のように聞く。）

「『みんなでつくる夢の道』とは、どんなものなのでしょうか」

（子どもたちは、それぞれの意見を考えるだろう。なかなか意見が出てこなければ、話し合う時間を取ってもよい。）


このように、出会いの日に「先生のとっておきの話」をしてやります。この話のテーマが、1年間の学級のテーマを貫くものであれば、なおよいでしょう。

そうすると子どもたちは
「先生の話はおもしろい」

「明日からの授業が楽しみ」

と前向きな感想をもつことでしょう。

さらに、出会いの日に子どもたちの信頼をつくるために「先生の好きなもの20」を伝えます。

心理学では、次のようなことがいわれます。

類似性の法則

私たち大人でも、「地元が同じ」「出身校が同じ」「好きな食べ物が同じ」など、共通点がある人に親近感が湧いたりすることはないでしょうか。それは、心理学でいうと「類似性の法則」が働いており、何か共通点があることで、自然に信頼が生まれているのです。

それは、子どもたちと先生も同じです。

「○○が同じだ」

は、子どもたちとの信頼をつくる第一歩となります。

では、「○○が同じだ」をどこでつくり出すとよいのでしょうか。

その機会を「出会いの日の自己紹介」で意図的に生み出すのです。

私は、

先生の好きなものを20個紹介する

という自己紹介をすることで一人でも多くの子どもと「共通項」を生み出そうと試みます。その20個は、できるだけバリエーション豊かにいろいろなものを入れるようにします。例えば、以下のような項目です。

サッカー　野球　読書　勉強　音楽　YouTubeの動画をみる　服　ケーキ　からあげ　白いご飯　そば　カレー　電車　車　おやつ　炭酸ジュース　子どもと遊ぶ　文章を書く　よく寝ること　おしゃべりをすること

意識をしているのは次のようなことです。

外で遊ぶのが好きな「外向的な子」と中で遊ぶのが好きな「内向的な子」の両方を意識した内容にする（どちらも含むことを意図的に入れる。「サッカー」「読書」など。）

だれもが当てはまる可能性のあるものを入れる（「よく寝る」「おしゃべりをする」「カレーが

好き」「からあげが好き」「白いご飯が好き」など。）

私は、地元が関西なので、「阪神タイガースを応援している」と話題にあげれば、それだけで何人かの子どもたちと共通の話題で話をすることができることもあります。

そうして、子どもたちとの共通項を意図的に生み出していきます。

そうすることで、出会いの日から「先生との1年が楽しみだな」と信頼関係を生み出すことができます。

このように、出会いの日は「笑顔」「とっておきの話」「自己紹介」を活用して、子どもたちとの信頼関係を生み出す工夫をしています。

では、初日に信頼関係をつくり出すことができれば、3月の別れの日まで信頼関係は大丈夫なのかと言われると、その答えは、もちろん「ノー」です。

出会いの日で信頼をつくり出すことができたら、翌日からは、その信頼関係を続けたり太くしたりする必要があります。

ここからは日常的な信頼関係のつくり方です。

信頼関係をつくるステップとして、次のような考え方があります。

相手を観察する（知る）【キャリブレーション】
↓
相手に合わせる【ペーシング】
↓
相手をよりよい方向へと導く【リーディング】

「知る・合わせる・導く」という3ステップが、信頼関係をつくる基本であるといわれています。この理論は、教師である私たちにとっても大切にしたいステップです。

というのは、私たちが日常的に行っている「教育」という行為は、基本的に「よりよい方向へと導く【リーディング】」だからです。授業でも友達関係でのことも生活指導のことでも、本書のテーマである「指示」をするときでも、基本的には「子どもたちをよりよい方向へと導く」ことを実践しています。

よって、子どもたちとの信頼関係がうまく構築されていれば問題ありませんが、信頼関係を築くことができていない場合、うまくいかないことがあります。子どもたちが先生の指示に反応をしなかったり反発したりするからです。

様々な要因が考えられますが、その要因は「信頼が不足している」という考えをもとにしてよいといえます。

よって、普段から「導く」の前提である「知る」「合わせる」という段階を大切にする必要があります。これは、意識をすればだれもができることです。

では、具体的にどのように実践していけばよいのでしょうか。

○何を観察するのか

相手を観察することを「キャリブレーション」というと紹介しました。

私は、子どもたちのあらゆる要素をできるだけ観察しようと心がけています。

・声
・目の動き
・表情

・しぐさ
・服装
・持ち物

「子どもたちを観察する」というと、学習の様子や友達関係の様子を思い浮かべる方もいらっしゃるかもしれませんが、私は、もっと前提の部分から観察を試みるようにしています。声が大きな子や小さな子、表情が豊かな子やとぼしい子、しぐさが特徴的な子やそうでない子など……。

小さな要素を見つけ、できるだけ気付いてやるようにしていくと、その子がどんな子なのか、どんな考えをもっているのかなどまで考えが及ぶようになっていきます。

つまり、

見えることから見えないことまで想像することができる

ようになっていきます。信頼関係を生み出すには、まずは「相手を知る」ことからスタートします。知ることがすべての始まりであり、その子のことが分からなければ、その子との信頼関係を生み出すことはできないと心得ましょう。

○相手に合わせる

「相手に合わせる」ことは「相手に迎合する」ことではありません。

相手を観察し、相手を知ってからは「その子に寄り添う」「その子の中に入ってみる」「その子の考えや感性を大切にする」といったことが大切になります。

その第一歩となるのが、「相手に合わせる」ということなのです。

・相手の声の大きさに合わせて話してみる。元気に話しかけられたら元気に返し、小さな声でゆっくり話す子には、小さくゆっくりした声で話す
・大きなしぐさで話す子には、オーバーリアクションで聞き、小さなしぐさで話す子には、小さなリアクションでじっくり聞く
・相手が感情豊かに話していればその感情で聞いてやり、感情を出さずに話していればその感情で聞く

そのようにして「相手ファースト」で話を聞くようにするのです。すると子どもたちは、
「先生と話すのは話しやすいな」
「先生と話すのは安心できるな」
と、先生に信頼を寄せ始めます。

こうして「相手に合わせる」ということを通して、信頼関係を築いていきます。

子どもたちとの日常会話は毎日のことです。つまり、細かな観察を毎日続け、子どもたちの状態に合わせて対話を重ねていく――このような地道な行為が先生と子どもたちとの確かな信頼関係を築いていくのです。

信頼関係の構築は、毎日の小さな行為の積み重ねです。小さな行為でじっくりと信頼を生むからこそ、確かな信頼へとつながります。

ぜひ「子どもを知る」「子どもに合わせる」といったステップを大切にしてください。

児童理解で指示を調整する

◎相手によって指示は変わって当然

「先生は差別をしている」という言葉は、子どもたちから先生に訴えのある言葉ナンバー１ではないでしょうか。学級がうまくいかないと思うとき、子どもたちが先生に本音を伝えたいとき、よく子どもたちが発するのが「先生は差別をしている」という言葉です。

私が駆け出しのころのことです。当時受け持っていた子どもに「先生は差別している」と言われ、反省したことがありました。

そして、その言葉をそのまま受け取り、どの子にも同じように指導をしたことがありました。

元気でやんちゃな子にも、声の小さなおとなしい子にも、同じような口調で注意をしました。

ほぼ毎日宿題を提出しない子にも、たまたまその日だけ忘れてきた子にも「宿題忘れはいけません！」と一律の指導をしました。

するとどうなったと思いますか。

これまで指導を繰り返されてきたある子は、「先生がやさしくなった」と喜んだものの、行動面が悪化していきました。

コツコツと宿題を出し続けていたある子は、その日だけの忘れ物で叱責されたことをきっかけに宿題へのやる気をなくしてしまいました。当然、その他の学校生活にもよくない影響が出てきました。

「先生が差別をなくす」ことに取り組んだことで、このような状況を生み出してしまったのです。（もちろん、若い私の実践ですので、それまでの子どもたちへのかかわりのまずさもありましたし、日々の授業も散々だったということもあるかとは思います。）

しかし、このときに学んだことは

その子、その子によった指導があるのが当たり前

ということでした。

つまりは、

子どもたちの状態によって指導が変わって当たり前

ということです。

子どもたちの状態に合わせた指示ができなければ、そのときの子どもたちに適した指導にはならないということです。

それでは、せっかくの先生の工夫された指示も効果を発揮しません。子どもを知ったうえで、子どもたちを捉えたうえで、指示を出していくことが望ましいことだといえるのです。

では、どのようにして子どもたちの状態を捉えていくのでしょうか。

ここで、先ほど紹介した「子どもを知る【キャリブレーション】」が重要になってきます。

当然のことですが「子どもを知ろう」としなければ、子どもを知ることなんて絶対にできません。そして、子どもたちを知ろうとすると、次のようなことに気が付くことができるのです。

「集団にも個性が備わっているのだな。この30人だからこそ生み出している個性があるな」

「その日によって子どもたちの状態は変わるものだな。そのときによって子どもたちの状態は変化するんだな」

書いてみると当たり前のことですが、意識しなければ実践は難しいというのが「子どもを知る」ということです。

子どもたちを観察すると、いろいろなことに気付かされます。

「去年も今年も４年生を受け持ったけれど、子どもたちによって空気感や個性はまるで違うんだな」

「４月のときの子どもたちの表情と運動会前の子どもたちの表情は違うんだな。運動会の練習が積み重なると、子どもたちが疲れを見せるのは当然だな」

こんなことに気付くことで、子どもたちへの指示のニュアンスや内容が変わっていきます。

やる気いっぱいの４月に消極的な弱い指示を出すことは、子どもたちの実態に合うことではありませんし、運動会の練習で疲れている子どもたちに積極的で強い指示を出すのは、やはり合わないことなのです。

では、子どもたちの実態に合う指示をどう出していったらよいでしょう。

そこで、先ほど紹介した「子どもに合わせる【ペーシング】」が大切になってきます。

子どもたちの状態を第一に指示を出すようにしていきましょう。

もちろん、子どもたちの状態が悪いからこそ、強い指示で集団を引っ張ることもありますし、子どもたちの力が入りすぎているからこそ、弱い指示でリラックスやブレーキをかけてやることも重要です。

ぜひ、子どもたちの状態に合った指示が出せるように意識をしてみてください。

教室環境を整える

◎忘れてはいけない2つの教室環境

人は、環境に左右される生き物です。

整理されていない部屋で過ごせば、生活も崩れてしまいますし、整った部屋で過ごしていれば、生活自体もきちっとするものです。

心理学で次のような考え方があります。

アフォーダンス

アフォーダンスとは

動物（人間）に対して環境が提供するために備えているもの　（現代美術用語辞典）

を表します。

例えば、私たちは、黄色と黒のストライプテープを見れば、「ここは危ない場所なんだ」と認識しますし、ドアノブが付いていれば、そのドアは開けたり閉めたりすることができると認識できます。駅のホームに新大阪—大阪—尼崎と書かれていれば、自分は〝大阪〟にいると認知できます。

このように、環境は私たちに対して何らかのメッセージを送っているともいえます。

つまり、教室環境が整っているほうが、「ここでは集中して学習に取り組む場所なんだ」というメッセージを伝えやすいということです。

ここで注意してほしいことがあります。

教室環境とは物的環境だけでなく人的環境も含む

ということです。

つまり、

子どもたちの前に立つ先生も環境の一因である

ということです。これは54ページでも書いたとおり、先生の立ち居振る舞いや表情、言動も子どもたちに影響を与えるということです。

では、先生という教室環境をよりよい状態に保つためには、どんなことに気を付ければいいのでしょうか。それは

先生の心や身体の状態をよりよくすること

です。先生の身なりや立ち居振る舞いを整えるためには、先生の心の状態や身体の状態をよりよくすることが欠かせません。身体や心がボロボロであるにもかかわらず、身なりや立ち居振る舞いだけをよく見せようとしても、それは、先生が子どもたちにとってよりよい環境になっているとはいえないのです。

働き方改革が子どもたちにとっての教室環境にまで影響する

ということを頭の中に入れておきましょう。

よりよい教室環境を生み出し、よりよい指示を子どもたちに提供していくためにも、先生たちの心身の状態はとても大切な要素となるのです。

また、もう1つの教室環境が

物的教室環境

です。物的教室環境とは

・教室に掲示されている掲示物
・子どもたちの荷物が入っているロッカーやフック
・子どもたちの下駄箱やその上の棚
・教室の床や黒板

など、教室にあるすべてのものといえます。
　これらに気遣うことを忘れないようにしましょう。
　とはいえ「行きすぎた整理整頓」は現実的ではありません。

「小ぎれい」な状態を目指す

ことを意識してみてください。
　ロッカーの中から物が飛び出している、靴が下駄箱から落ちている、フックから給食エプロンが落ちている、掲示物が破れたり取れたりしてそのままになっている、などといったことは整理するべきですが、断捨離レベルで整える、というのはギスギスするもとになるだけなので、注意が必要です。

教室環境は、子どもたちの状態へ影響を与えます。子どもたちの状態がよりよいほうが、先生からの指示も効果が高まります。

指示を出す前に、子どもたちの指示を受ける教室環境が本当によい状態になっているかどうか、いつも気にするようにしてみましょう。

コラム　信頼関係なくして指示は通らない

「指示」は一歩間違えると、子どもたちと溝をつくってしまう可能性のあるスキルです。基本的には「先生↓子ども」にベクトルが向くので、子どもたちから反発が生まれやすい関係になっているのです。

とはいえ、指示をすることは絶対に必要なことです。

だからこそ、本章で紹介した「信頼関係をつくる」ということを丁寧に行うことが大切です。その方法は、本文中で紹介しているとおりです。

では、なぜ「指示」において「信頼関係」が大事と考えるかというと、私自身の苦い経験があるからです。

先生という仕事を始めてから7年ほど経ったとき、私は4年生を担任していました。当時の私の受け持った学級は42名学級と、40名を超えていたこともあり、業務量の多さとたくさんの子どもたちへの対応に疲弊した毎日を送っていました。

しかし、それでも、これまでの経験と自信から「何とか乗り越えられるだろう」と気持ちを前向きにして仕事を進めてはいたのですが……。

どうにも、それまでの学級とは違って、私の指示が通りません。時には「なんで……」「○○先生のときには、××だったのに……」とつぶやかれてしまう始末。何かがうまく回っていませんでした。

その原因は、やはり「子どもたちとの信頼関係」にあったと思っています。42名学級という多くの子どもたちを前にして焦った私は、それまで以上に指示の口調がきつくなってしまったり、指示どおりにできなかった子どもたちを叱責したりしてしまっていたのです。

今考えると、子どもたちが指示に反発するのは当たり前であり、話も聞いてくれない先生の指示を聞き入れてもらえるはずがなかったのです。

結局、そのときは、子どもたちとの信頼関係を再構築することに相当の時間を要してしまいました。時間がかかったということは、それだけ指示を通すことにも苦労をしたということなのです。

「指示を通すのは信頼関係から」――それは、教員7年目の私の失敗から得た気付きだったのでした。

第6章

「指示」を進化させる

みなさんは、先生が行う教育的行為が「固定されたもの」と思ってはいませんか。例えば、第2章でお伝えした「伝わる指示の鉄則」に書かれていることは、不動のものであり、そのとおりにし続ければよいと思ってしまってないかということです。

第2章の「伝わる指示の鉄則」は「鉄則」なので、外すことはありません。しかし、それを根底として「進化」することはもちろんあり得ます。

教育とは日々進化するものです。教育とは、子どもたちをよりよい方向へと進化させる営みであり、子どもたちに変化を求めることです。

それがうまく機能したとき、子どもたちはどんどん変化し、進化していきます。子どもが進化したならば、それに合わせて、私たちの指示も進化していかなければいけません。第6章では、「指示の進化」というテーマで見ていきましょう。

1学期→3学期で指示は変化する

◎リード・サポート・バックアップ

物事にはステップがあります。

例えば「ホップ・ステップ・ジャンプ」といった言葉がありますし、日本の文化としては「守・破・離」という段階が昔からいわれ続けています。

ちなみに、「守・破・離」とは、次のようにいわれます。

剣道や茶道などで、修業における段階を示したもの。「守」は、師や流派の教え、型、技を忠実に守り、確実に身につける段階。「破」は、他の師や流派の教えについても考え、良いものを取り入れ、心技を発展させる段階。「離」は、一つの流派から離れ、独自の新しいものを生み出し確立させる段階。
（「コトバンク／デジタル大辞泉」より）

さらにいえば、千利休が次のように示したものから生まれた言葉であるといわれます。

「規矩作法　守り尽くして破るとも離るるとても本を忘るな」

段階ごとに示すと、次のようになります。

守……師から教わったことを徹底的に守る。スキルといったやり方はもちろん、どうしてそれが大切なのかといった「あり方」も教わり守っていく。

破……師から教わった型をもとにしつつ、その他の方法や自分自身と照らし合わせて探っていくことで、より自分に合った方法を見つけ出していく。このようにして、だんだんと型を「破って」いく。

離……離の段階を研究し続けた人は、自分自身の生み出した方法についてよく理解し、もとの型にとらわれることがなくなる。そして、もとの型から離れることができる。

こうして、習いはじめから、だんだんと自分なりの方法を見つけ出していき、最後には自分の方法を生み出していきます。

このように、昔から存在する日本の芸や道も変化をすることが前提であるといわれているのです。

では、教育の場合はどうなるのでしょうか。

私は、「教育の仙人」といわれた堰八正隆《せきはちまさたか》先生の理論を取り入れています。

堰八先生は、教育におけるステップを次の言葉で表しました。

リード・サポート・バックアップ

私は、この言葉を次のように解釈して活用しています。

・リード……………先生がしっかりとリードして子どもたちに方向性ややるべきことを示してやる段階。
・サポート…………先生が教えたことをもとに子どもたちが活動することを先生がサポートしながら実践する段階。
・バックアップ……先生が教えたことをもとにしつつ、子どもたちが自主的に考え、主体的に進めていく段階。先生は、子どもたちのバックアップに回り、子どもたちの活動を縁の下の力持ち的に支えていく。

このような形で、教育のあらゆることを考えるようにしています。これは、学級経営でも学校経営でも変わりはありません。スタートしたときには、しっかりとリーダーである先生が引っ張ることから始まり、だんだんと子どもたちへと委ねられるようにと仕向けていくのが望ましいでしょう。

では、「指示」の場面では、具体的にどのように変化していくのでしょうか。

「教科書を机の上に用意する」という小さな場面を取り上げて考えてみましょう。

【リード期】

先生の「教科書を出しましょう！」のはっきりとした指示をもとに子どもたちが教科書を机の上に出す。また「今、教科書は必要ないよ」ということも、先生からはっきりと指示を出すようにする。子どもたちは先生の合図をもとにして行動することが前提となる。

【サポート期】

子どもたちが自分から教科書を用意し始める時期。先生は、先生から何も指示が出ていなくても用意できている子を見つけると「もう用意できてえらいね」などと言ってロールモデルを子どもたちの中から生み出していく。

また、「今って教科書は必要ないんじゃ……」と自分から気付き始める子がいたら「必要ないと思ったらしまっておいていいんだよ」と子どもの気付きをもとに、自分で判断して行動できる子を育てつつ周囲の子に知らせていくようにする。

【バックアップ期】

教科書を活用するかどうかを子どもたちに任せる時期。その様子を先生は基本的には見守るようにする。もちろん、必要と考えれば先生からの働きかけをしていく。先生は後ろに回って、必要なときに前に出るようなイメージで子どもたちとかかわっていく。

このように「教科書を出す」という小さな指示でも、1年間をかけて変化していくのです。簡単にまとめると

「先生が出すように指示をする。できた子をほめる」
「子どもたちが出すようになる。その子をロールモデルにする」
「出すかどうかを子どもたちに委ねる。その姿を見守る」

というようなイメージです。

小さな指示でも1年間をかけて進化していくものであることを頭に入れておきましょう。

先生の働きかけによって、子どもたちはどんどん進化していきます。

その進化を促進するか、ストップさせるかは先生の子どもたちへのかかわりしだいです。

このようなイメージをもって子どもたちに接している先生と、そうでない先生では、子どもたちの育ちが劇的に変わってきます。

ぜひ、子どもたちをどんどん進化させられる先生でいてほしいと思います。

あえて抽象度を高くする

◎抽象度を高める指示で子どもたちを見る

先ほど「リード・サポート・バックアップ」という理論のもと、指示も進化していくというお話をしました。

実は、指示というものは進化することで

抽象度が高まっていく

といったことがあげられます。

例えば、「教室を掃除する」という場面を見てみましょう。

図画工作科の時間に、画用紙を使って学習をした後、教室の床に画用紙の切れ端などが散乱していることがあります。

このようなとき、教室をきれいにするために、子どもたちに指示をすることがありますが、どのような指示で子どもたちと教室をきれいにしていくでしょうか。

ここで知っておかなければいけないことは、

学級の育ちによって指示が変わる

ということです。

例えば、４月や5月など、学級が始まって初期のころであれば

「教室が汚れています」

「教室のゴミを20個拾いましょう」

といった数字を活用した指示を出して教室をきれいにしていったり

「教室の前半分は1～3班、教室の後ろ半分は4～6班の人たちで片付けましょう」などと具体的に場所を提示した指示を出して子どもたちの活動へとつないでいくことと思います。

しかし、これを1年間続けてしまうと、いわゆる「指示待ち」の子どもたちを育ててしまうことにもなります。先生は、子どもたちの育ちを見て

指示の抽象度を高める

ということをしなくてはいけません。

年度当初は数字を出した指示をしたり、72ページのような目的を伝える指示をしたりしてもよいですが、子どもたちが育ってきたら、

教室が汚れています。教室をきれいにしましょう。

と言って、抽象度の高い指示を提示できるようにならなくてはいけません。

抽象度の高い指示とは

子どもたちの活動の幅や内容を、子どもたち自身で
選び取ることのできる余白がある

ということです。

次のような指示にすると、さらに抽象度を高めることができます。

今、教室でやるべきと思うことをやりましょう。

「何か行動をする」ということのみを伝え、行動の内容や量については子どもたちに任せていくのです。

ただし、これは、学級が正しい方向に育っているというのが、条件になります。

「もう少し抽象度を高くして、子どもたちが自分たちで行動する内容を選び取ることができそうだな」

と思ったときには、ぜひ抽象度を上げてみてください。

きっと、子どもたちは自分たちなりに考えて、行動を決定していくことでしょう。

とはいえ、「本当に子どもたちは行動できるかな……」と心配することもあるでしょう。

もし、子どもたちがどのように行動すればいいのか悩んでいたら、いったん活動を止めて、具体的な指示を出してやればいいだけです。

ですので、「もし失敗したら……」という心配はいりません。

ぜひ、抽象度の高い指示をあえて出すことで、子どもたちが自分たちで選んで行動できる機会をつくってみてください。

指示は子どもにうつっていく

◎指示は子どもにうつっていく

勤務を終えたある日、自宅の前にある公園で遊んでいる息子を迎えに行ったときに、とある光景を見かけました。

1年生か2年生くらいの女の子たちの声が聞こえてくるのです。

「起立！」
「おはようございます！」
「今から1時間目の授業を始めます！」

いわゆる「学校ごっこ」を楽しんでいる姿です。（もちろん、学校ごっこの中には、担任の先生役の子もしっかりと配役されていました。）

幼稚園や保育園の子の遊びにも「おままごと」があります。

おままごとは家庭でのワンシーンを劇化したものであり、そこには父親役や母親役が配役されます。

夕暮れ時に見かけた「学校ごっこ」や幼稚園・保育園で遊ばれている「おままごと」からは、

子どもは親や先生など、身近な信頼する大人を真似したがっている

ということが見て取れると私は考えます。

子どもたちは、私たちの想像以上に、先生としての私たちの姿を見ています。

つまり、

私たちは子どもたちのロールモデルとなっている

ということがいえるのです。

教室での出来事を思い浮かべると、次のようなことはないでしょうか。

・少し遅れて教室に入ったときに、ある子が担任の先生かのように「教科書を用意してください」などと声をかけてくれている。
・学習の準備ができていない友達に、近くの子が小さな声で「教科書を出しましょう」と声をかけている。

これは、私たちの姿を見て、わずかでも模倣しようとしているからこそ生まれる現象です。

こうしたことから、私たち教師が普段から考えておかなければいけないことは

私たちが子どもたちに提示する「指示」は、いずれ子どもたちにうつっていく

ということなのです。

もし、私たちが普段から子どもたちに雑な指示や乱暴な指示をしていれば、それは、そのまま子どもたちへとうつっていきます。

もし、私たちが後ろ向きで暗い指示を出していれば、その指示は子どもたちにうつっていきます。

もし、私たちが普段から子どもたちに丁寧で尊敬を含む指示をしていれば、それが子どもたちに、前向きで応援する指示を出していれば、それもそのまま子どもたちへと伝播していきます。

そのことを普段から意識しましょう。

私たちの毎日の指示が、子どもたちを育てる土壌になっていきます。

よりよい言葉で美しい指示を子どもたちに提示し続けたいものです。

代表の子に指示をする

◎「指示」を子どもに伝えてみる

「先生の指示は子どもたちへうつっていく」ということを活用した実践をここではお伝えします。

「教育」の目的をあらためて考えると、きっと次のようなことを考える方が多いのではないでしょうか。

子ども（たち）が自分（たち）で自主的に活動できること

一人の学習でも、みんなとの学習でも、グループでの学習でも、私たちは子どもたちが子どもたち自身で学びを進める姿に可能性を感じ、成長を感じます。

それは、赤ちゃんが一人で立つことができたり歩くことができたりすることと同じ感覚をもっているのかもしれません。

「4月の当初はなかなか一人で取り組むことができなかったけれど、12月にはすっかり自分で何でも取り組むことができるようになった」

「1学期はグループのメンバーとうまくやることが苦手だったけれど、3学期には、率先してグループのメンバーをまとめていた」

こんな成長を知ると、やはり私たちはうれしくなりますし、子どもたちも自分たち自身の成長を実感することができるでしょう。

そして、そんなきっかけをつくってやるのもまた、教師の仕事の醍醐味です。

ここでは、

代表の子が指示をする

という方法で、学級を自治的に進める手立てをお伝えします。

ある年の3学期の始業式。4年生を受け持っていた私は、教室に行く前の子どもたちを見て、次のようなことをふと考えました。

「この子たちなら、先生がわざわざ教室に行って『今から始業式です。体育館に移動しなさい』なんて言わなくとも、自分たちで移動することができるんじゃないか」

何とか、私の直接的な指示をなしにして、体育館に移動することができる手立てを考えてみました。

3学期のスタートから

「自分たちは自分たちで移動することができた」

「先生がいなくたって自分たちで移動することはできる」

そんな感覚をもってほしいと思いましたし、子どもたちに「みんなはできるんだよ」というメッセージを伝えたいという思いもありました。

とはいえ、「自分たちで体育館に移動する」ということは伝えてやらなければ「時間になったら移動したらいいのか、先生を待てばいいのか」ということに子どもたちは困惑してしまいます。

そこで、たまたま教室に行く階段の下を見ると、学級代表のある女の子が立っていました。

「○○さん、おはよう。今年もよろしくね」

「先生、おはようございます。今年もよろしくお願いします」

「8時45分から体育館で始業式があります。8時30分になったら朝の挨拶をして校歌の練習、それから8時40分になったら体育館にみんなで移動してきてほしいんだけど、できるかな?」

「分かりました。大丈夫です。自分たちでできます」

そんな簡単なやり取りでしたが、その女の子は快諾してくれました。

そして、その女の子を中心に協力し、学級全体でまとまって朝の時間を過ごしたのちに、体育館へ移動することができました。

その年以降「あえて全体に指示をするのではなく、一部の子だけに指示をする」ということを、1学期の後半や2学期の途中から、少しずつ取り入れるようになっていきました。

こうすることで、「指示は先生から」という構図が壊され、「指示は友達からもある」という構図に変わっていきます。

すると「リーダーからも指示が出るんだ」と変化していき、ある場面ではこの子がリーダー、ある場面ではこの子がリーダーというように、子どもたちの活躍の機会も与えることができるようになっていくのです。

ある年の6年生を受け持っていたときのことです。

その日は午後から出張でしたが、学級では午後から社会の学習が予定されていました。

通常の自習であれば、一人で学習できる課題を用意し、黙々と取り組むのが慣例ではないでしょうか。

私は「せっかく私がいないのに、それはもったいないなぁ」と思い、学習係の一つである社会係に次のように頼んでおきました。

「●時○分まではみんなで調べたことを発表し合って、●時○分くらいになったら、この紙に書かれている問題をみんなに教えてあげて」

つまり、私がいなくとも、いつもどおりに社会科の学習を進め、時間がやってきたら、教師から渡された問題（つまり発問）を提示するように伝えておいたのです。

その時間の司会、つまり指示役は、社会係の人が担ってくれたということです。

とはいえ、学校のルール上、自習監督をしていただく先生に入っていただかなければいけませんでしたので、それは、となりのクラスの先生へお願いをしました。

自習に入ってもらう若い先生には
「子どもたちが進めるので、子どもたちだけでどこまで進められるのか見守ってやってもらってもいいですか」

「途中、時間が来たら、係の子が問題を提示する予定になっています」

とお伝えしました。

その先生は説明を聞いたときに
「えっ!?」
とは言っていましたが、「分かりました」と子どもたちの様子を見守ってくださいました。
出張の翌日、自習に入ってくれた先生に
「どうでしたか？」
と尋ねると
「驚きました。子どもたちだけで授業が進んでいました。途中、係の子が問題を出した後にも真剣にその問題について考えていました」
と言っていました。
もっと子どもたちが自主的に進める学習としては「自分たちで問題を生み出す」ということもあったかと思いますが、当時の学級の自習では「私から係の子に問題を提示してもらう」というのが挑戦的な課題でしたので、それを達成することのできた子どもたちは本当に立派でした。
3学期の始業式の実践も、出張中の社会科の実践も、ポイントは

代表の子に指示をする

ということでした。

その子が、いわば先生の代わりとなり、学級全体へ指示を出す。

そして、その指示でどこまで学級全体が活動することができるかを見ていく。

そんなことを意識して取り組んだ実践となりました。

実は、この実践は、子どもたちを見るうえでも大変参考になる実践なのです。

学級の代表の子に指示をしてもらうことで、

そのときの学級の状態を見ることができる

という効果があります。

先生のいない中で、どれだけ学習に向かうことができるのか。

どこまで自分たちで判断して動くことができるのか。

そんな自主性や自治的能力を見るうえでも重要な実践となります。

もちろん、実践には周囲の理解や学級の育ちが必ず必要です。

必ずしなければならない実践ではありませんし、実践するには、慎重になる必要もあります。

しかし、日ごろの先生の指示がこうした形まで進化することもあるというイメージをもっておくことはとても大切なことです。

ぜひ、いつか「子どもたちに指示を任せる」といった実践にも挑戦してみてください。

コラム　子どもは成長するからこそ

教師になって5年くらいが経ったころ、「少しは指示をすることがマシになってきたかな……」と思い始めていました。本書でも紹介している「1指示1内容」を忠実に守り、子どもたちに指示を出してからは、きちんと確認を行い、教室内には私の指示はしっかりと伝わっている状態でした。

そのような状態で迎えた3学期、落ち着いた雰囲気で学習を進めているときに、ふと感じることがありました。

（結局、1学期も3学期も同じような進め方をしているけれど、これでいいのだろうか）

子どもたちは1年をかけてうんと成長します。成長している子どもたちは「次、先生は○○の指示を出すぞ」と、しっかり見通しをもっているのです。だからこそ、私が指示をした後には、一目散に行動に移し、それぞれの活動に取りかかっていたのでした。

若いころの私は「自分もずいぶん指示がうまくなったな」と思っていたものでしたが、そうではありません。ただ、毎回、同じ指示を出していることに子どもたちが慣れ、子どもたちが先を見通すことができるようになったというだけでした。

つまり、成長したのは私ではなく、子どもたちだったというわけです。

そこで気が付いたのが、「指示は1年間で変化する」ということです。

1学期には丁寧に出していた指示も、2学期、3学期になるにつれて、少なく、大雑把になっていくことに気が付いたのでした。

そもそも指示の目的とは何でしょうか。

それは、やはり「子どもたちの成長」に向けられなければいけません。ずっと指示をされて動くことのできる力と、指示をせずに動くことのできる力のどちらが大切かは明白です。

「指示は変化する」

少し高度なスキルではありますが、ぜひ3学期には意識をしてみてください。きっと、何かに気が付くことができるはずです。

おわりに

本書をここまでお読みいただきありがとうございました。今回取り上げた「指示」というテーマは、私たち教員にとって、あまりにも日常的であり、目を向けなければ、その存在すら、意識をしないままになってしまうようなものです。にもかかわらず、このように本書を手に取り、最後まで読んでくださったことを心から感謝します。ありがとうございます。

本書でも記しましたように、「指示」をどのようにするかで、学級は大きく左右されます。指示が弱く子どもたちにきちんと通らなければ、子どもたちはバラバラになっていきますし、指示を強くしすぎれば、子どもたちは先生に反発するようになり、信頼関係に溝ができてしまいます。弱くても強くてもいけないという、バランスをとることが難しいのが「指示」なのです。

だからこそ、指示に関するスキルや考え方が必要です。どうしてそのような指示が必要なのかを知ったうえで、指示に関するいろいろな小さなスキルを積み上げていく——そうしたことが、指示の技量を上げることにつながっていきます。指示の技量が上がっていき、レベルの高い指示ができる先生になることで、学級を落ち着いたものへと変えていったりよりよい充実したものへと成長させていったりすることができるのです。

第6章では、「指示は変化する」と記しましたが、丁寧な指示を繰り返すことで、子どもたちは「このようにして動いたらいいんだ」「もしかしたら自分で動くことができるようになるかも」という気持ちをもつことができます。この気持ちこそ自治的に行動することができるようになる学級への第一歩なのです。その感覚は、丁寧な指示ができるようになった後に、気が付くことができることと思っています。

コラムに書いたとおり、私自身も「指示」がうまくできなかったことで学級がうまくいかなかった経験が長くありました。しかし、指示に関する正しい考えや知識を得たことで、何とかその課題を改善し、今に至ります。

本書の内容が、初めて教壇に立つ先生のお役に立てばと思います。どんな世界にも「基礎・基本」があります。また、それは時代に合わせて変化するものです。ぜひ、これからもいっしょに「教育」について考えていきましょう。

令和5年12月

丸岡　慎弥

初任者の先生におすすめの本

［拙著］

『ココが運命の分かれ道⁉　崩壊しない学級づくり　究極の選択』（2016）明治図書

『2時間でわかる学級経営の基礎・基本』（2021）東洋館出版社

『2時間でわかる授業技術の基礎・基本』（2021）東洋館出版社

『高学年児童がなぜか言うことをきいてしまう教師の言葉かけ』（2020）学陽書房

『2・3・4年生がなぜか言うことをきいてしまう教師の言葉かけ』（2021）学陽書房

『小学1年生がなぜか言うことをきいてしまう教師の言葉かけ』（2022）学陽書房

『教師の聞き方ひとつで高学年クラスはこう変わる！』（2023）学陽書房

『1年生のクラスがとにかくうまくいく教師の聞く力』（2023）学陽書房

『話せない子もどんどん発表する！対話力トレーニング』（2019）学陽書房

［他の先生方が書かれた本］

向山洋一『新版　授業の腕を上げる法則』（2015）学芸みらい社

向山洋一『新版　子供を動かす法則』（2015）学芸みらい社

向山洋一『新版　学級を組織する法則』（2015）学芸みらい社

中嶋郁雄『新任1年目の　子どもが信頼する叱り方ができる本。』（2022）学陽書房

中嶋郁雄『新任1年目なのに、学級担任が驚くほどうまくいく本。』（2020）学陽書房

福山憲市『20代からの教師修業の極意〜「出会いと挑戦」で教師人生が大きく変わる〜』（2014）明治図書

福山憲市『スペシャリスト直伝！　学級づくり〝仕掛け〟の極意　―成功に導くキラー視点48―』（2014）明治図書

鈴木健二『思考のスイッチを入れる　授業の基礎・基本』（2016）日本標準

【著者紹介】

丸岡　慎弥（まるおか　しんや）

1983年，神奈川県生まれ。三重県育ち。

立命館小学校勤務。関西道徳教育研究会代表。

教師の挑戦を応援し，挑戦する教師を応援し合うコミュニティ「まるしん先生の道徳教育研究所」，ブログ「まるしん先生の教育＆実践研究ふんとう記」（https://ameblo.jp/marushindozo/）を運営。自身の道徳授業実践や教育に関する記事も公開中。

著書に『高学年児童がなぜか言うことをきいてしまう教師の言葉かけ』『話せない子もどんどん発表する！対話力トレーニング』（以上，学陽書房），『２時間でわかる学級経営の基礎・基本』『２時間でわかる授業技術の基礎・基本』（以上，東洋館出版社），『取り外せる文例集つき！　現場発！小学校　「特別の教科　道徳」の見取り・評価パーフェクトブック』（フォーラム・A），『生徒指導主任　365日の仕事大全』『研究主任　365日の仕事大全』『教務主任　365日の仕事大全』『ココが運命の分かれ道⁉　崩壊しない学級づくり　究極の選択』（以上，明治図書）など多数。

はじめて学級担任になる先生のための
指示のルール

2024年２月初版第１刷刊　©著　者　丸　岡　慎　弥
発行者　藤　原　光　政
発行所　明治図書出版株式会社
http://www.meijitosho.co.jp
（企画）林　知里（校正）粟飯原淳美
〒114-0023　東京都北区滝野川7-46-1
振替00160-5-151318　電話03（5907）6703
ご注文窓口　電話03（5907）6668

＊検印省略　組版所　日本ハイコム株式会社

Printed in Japan　ISBN978-4-18-262624-1